中国传统文化与未成年人精神成长丛书

【中国古代的教育】

希望出版社

图书在版编目(CIP)数据

教苑之旅:中国古代的教育/孟旭编著. --
太原:希望出版社, 2012.3
(中国传统文化与未成年人精神成长丛书)
ISBN 978-7-5379-5468-6

Ⅰ.①教… Ⅱ.①孟… Ⅲ.①教育史-中国-古代-青年读物
②教育史-中国-古代-少年读物 Ⅳ.①G529.2-49

中国版本图书馆CIP数据核字(2011)第197036号

中国传统文化与未成年人精神成长丛书

教苑之旅

——中国古代的教育

傅书华◎主编　孟　旭◎编著

出版人/梁萍
出版发行/希望出版社
地址/山西省太原市建设南路21号
邮政编码/030012
责任编辑/刘晨瑜
复审/陈炜
终审/孟绍勇
美术编辑/王蕾
装帧设计/韩石　汝俊杰
责任印制/刘一新

总经销/希望出版社发行部
0351-4123120
经销/各地书店
制作/北京鑫联必升文化发展有限公司
印刷/山西嘉祥印刷包装有限公司

开本/890mm×1240mm　1/32
印张/8.25
版次/2012年6月第1版
印次/2012年6月第1次印刷
书号/ISBN 978-7-5379-5468-6
定价/15.80元

编者的话 BIAN ZHE DE HUA

之所以编辑这套丛书，实在是来源于时时涌上心头且挥之不去的对现实的危机感。

从没有像现在这样，我深感当今未成年人精神成长的缺失。随便放眼看看，当今未成年人的生理成长、知识成长甚至心理成长都已经得到社会及家长的普遍重视，唯独未成年人的精神成长却至今未能引起大家的关注。不是吗？你看，即使是出生、成长于一般家庭的孩子，他的物质生活的条件，也还是能够满足他生命发育成长过程中所需要的物质需求的，至于出生、成长于家境较好的家庭中的孩子，营养过剩而偏于肥胖的更不在少数。大体说来，基于营养的健全，这一代未成年人较之他们的父母一代，其身体发育普遍提前、普遍超标应该是一个不争的事实。说到知识成长，你只要看看这一代未成年人那沉甸甸的书包，看看双休日他们频频出入于各种补习班的身影，听听那“现在最辛苦的就是中小学学生”的无奈感叹，你也就大略可以知晓，现在对未成年人的知识灌输是如何地慌不择路、饥不择食了。至于未成年人一代的心理成长，伴随着心理问题的频频产生,他们的心理健康问题总算是被大家认识到了,虽然补救的措施依旧不够得力,但总算在电视媒体上时时出镜,总算在家长的口头上也时时提及了吧。但时至今日,我们还很少听到关于这一代未成年人精神成长的话题。精神成长,在许多人的心目中,还是一个玄虚的话题,还是一个模糊的话题,而究其实,精神成长已然成为当今一代未成年人长大成人的时代性危机:生理上的提前成人,使他们精力充沛却不知将精力用于何处,甚至如纽曼所说,“如果他们话多,必乱说无疑”。知识上的强力灌输,使他们在这样一个技术至上的时代,越发将知识作为换取世俗功利的手段,甚至在极端情况下会不择手段。心理的成长,虽然使他们在自我与外部失衡的情况下,可以有效地做自我心理上的调节,但却离心智的成长相去甚远。明乎此,我们才会明白,精神的成长,是灵魂的健全,是人格的生成,是公民意识的培育,是对人的生命的自由实现的自觉意识的形成。既不同于传统的老中国,又不同于现代的西方国家的新的中国,需要的正是这样有着健全灵魂的一代新人。

精神的成长不是凭空地进行,需要汲取各种精神资源,但这些精神资源,不是那种换取世俗功名的“实用知识”,而是着意于“自由人”得以成长、形成的“自由知识”。概而言之,传统文化、现代文化、西方文化,都是新的一代未成年人所应该充满兴味地去有所涉猎的。而现在，当今的这一代未成年人，对此却缺乏应有的了解。网络的平面化、共时化，正在消解传统文化、现代文化以及西方文化对未成年人精神的深度滋养。我们常常看到，这一代未成年人，在时尚的潮流中，似乎无所不知、无所不晓，但一旦进入历史文化的深处，则两眼茫然、不知所措。与此同时，我们也看到，学术贩子、学术掮客在当今大行其道，真正的学术研究者却又深居“象牙之塔”，随之而来的是，未成年人精神成长过程中急需的健康的精神营养品，在文化市场中难觅其踪。

上述的时代危机，与哲社人文界“重研究、轻应用”的时弊密切相关。

哲社人文研究队伍人数众多，硕果累累，研究的深入程度、进度，也足以令人刮目相看。但这些成果又有多少转化为对公众精神需求的满足呢？当今哲社人文的许多评价体系，套用自然科技的办法，弊端多多，是这个时代自然科技吞噬哲社人文的显著标志。但是，也不完全如此。科技界特别注重将其成果、发明、专利转化为市场效益，相比之下，哲社人文界却缺乏这种意识。或许是中国传统的哲社人文研究“书上作书”的历史太过悠久，亦或许是其依附权力、体制的历史惯力过强，我在这里不作深入研讨，但根据目下哲社人文领域的现状，作出“重研究、轻应用”的判断大致还是不错的吧。这种

“重研究、轻应用”，还表现在哲社人文界生产力分配的不平衡：现在全国哲社人文类的学术、文化期刊，包括各级高校的学报，数量众多，但这些文章中，如果不是绝大多数，起码有许多是刊发完了即作完结的吧。许多的研究者，宁肯耗尽自己的有限精力，写几篇上述类型的文章，而绝不肯把精力用于对新的学界成果做普及转化的工作。于是我们看到：一方面，是学术垃圾、文字垃圾比比皆是；另一方面，在前述未成年人精神成人危机面前，适合他们的精神读物，却少之又少。

令人沮丧的还远远不止如此。就是在这少之又少的提供给未成年人的精神读物中，文字模式化、格式化、干瘪无味的也不在少数。人的精神世界原本是鲜活的，充满生机的，满足人的精神成长需求的文字，也应该是如此的吧。但打开各种标榜有文化内涵、精神内涵的书刊，却又时时看到两类不堪卒读的文字：一类是没有精神深度的平庸不堪的时尚文字，一类是貌似深刻的“八股文字”。用这样的文字，又怎么能够在未成年人的精神成长的需求中，给他们以新鲜、充盈的精神滋养呢？

正是基于这种时时萦绕于心的危机感，我心中时时萌生着一种神往：神往于上个世纪30年代开明书店出版的由叶圣陶编写的《开明国语课本》以及由朱自清等著名学者编写的一系列的青少年读物；神往于朱光潜所写的《谈美——

给青少年的十三封信》;神往于上个世纪60年代的《十万个为什么》;神往于大学者能有献身的精神,用大手笔为未成年读者写出的小文章;神往于那种深入浅出、生动活泼的哲社人文类文章……

于是,在神往中,有了"千里之行,始于足下"的冲动,从而才有了这套丛书的编写和出版。虽然,我们的努力,离预期目标还有差距,但无论如何,总算是有了引玉之砖了。我们期盼着有新的"开明书店"出版的未成年人读本,有新的《谈美——给青少年的十三封信》,有新的《十万个为什么》,更希望有对上述这些经典读本的超越。在此,我还要真诚地感谢希望出版社,感谢他们能有真诚的心灵,广阔的眼光、胸怀,出版了这套《中国传统文化与未成年人精神成长丛书》。

让我们继续努力,让我们充满期待,让我们切切实实地"救救孩子"。

傅昌华

2011.12

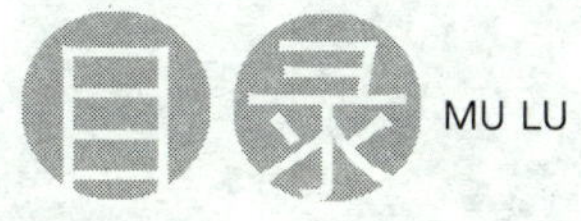

目录 MU LU

导读 DAO DU

我国著名教育家杨贤江指出："自有人生，便有教育。"考古学发现显示：1984 年，在我国重庆市巫山县庙宇镇龙坪村龙洞苞西坡，发现了"龙骨坡文化巫山人"，距今大约 200 万年到 204 万年，成为迄今我国境内发现年代最早的古人类化石；1965 年，在云南元谋县发现的"元谋人"，距今大约 170 万年；1964 年在陕西省蓝田县发现的"蓝田人"，距今大约 100 万年；1927 年在北京西南周口店发现的"北京人"，距今大约四五十万年。大约 5000 年前，伴随着文字的产生和学校教育的诞生，严格意义上的教育形态在我国出现了。

一、我国古代教育的发展脉络

中国地处欧亚大陆东部、太平洋西岸，是世界四大文明古国之一。我国古代教育源远流长，是世界文化遗产的重要组成部分。从原始社会到奴隶社会、封建社会，随着社会制度的更替与历史朝代的变更，我国古代教育形态成为一道绚丽的历史景观。

原始社会是我国古代教育的伟大开端，生活教育是原始社会教育的主要形式，教育与社会生活、生产劳动相依相伴，教育过程高度生活化、非正式化是其历史性特征，民族公社时期的教育形态正是这一阶段教育活动形态的集中体现。夏、商、周时期是我国古代教育雏形的形成阶段。随着文字的发明和学校的产生，学校教育日益取代了生活教育，成为古代教育活动的主流形态。在奴隶社会，由于“唯官有书而民无书”，“唯官有器而民无器”，“唯官有学而民无学”等原因所限，学在官府、官师合一成为奴隶社会教育的历史特征。

春秋、战国时期私学盛行、思想自由、百家齐鸣。一些世界公认的教育家、哲学家次第涌现，孔子、墨子、孟子、荀子、老子、韩非子等一代哲人引领了我国先秦时期教育思潮的变革，催生着封建社会教育的形成。该时期是中国古代教育思想的萌芽期，形成了中华民族世代受益的教育思想宝库。

我国古代教育定型于秦汉。秦始皇以法为教、以吏为师的专制性政策保证了全国教育思想的高度统一，却抑制了非法家思想的发展。东汉，经历了短暂的休养生息，汉武帝采纳了董仲舒的三条建议——“推明孔氏，抑百家”、“兴太学以养士”、“重视选举，任贤使能”，引发了古代教育的历史性变革。这一时期，经学教育盛行，学校教育制度日益健全，国家设立了太学和人才察举制度，开辟了中国古代教育史上的新形态。秦汉时期成为我国古代封建教育的定型期。

魏晋南北朝与隋唐时期是中国古代教育发展的鼎盛期。

尽管魏晋南北朝时期社会动荡，官学教育时兴时废，但各种教育思潮得到了自由的发展，为唐、宋、元三个朝代教育的勃兴打下了坚实的基础。隋唐是我国古代教育发展最为完备的一个时期，尤其是唐朝教育管理体制日益健全、学校形态丰富多彩、科举制度日益健全、教育方式林林总总、教育思想推陈出新，是我国古代教育发展中最为辉煌的一个阶段。

宋、元时期是我国古代教育的完善期。在该阶段，随着统治阶级“重文”教育政策的确立，尊孔崇儒、经学教育复兴成为学校教育迅速发展的载体。在宋朝，四次举国性的兴学举措使宋朝的官学教育日益完善，府学、州学、县学等日益齐备。在教育思想上，儒、佛、道三家学术思想走向汇流融合的局面，形成了儒学的新形态——程朱理学，给古代教育思想注入一股新的活力，成为后世科举考试的主要内容。宋朝书院的形成与发展更代表了我国古代私立教育发展的最高成就。官学、私学教育并存，蒙学教育与科举应试教育并举，使宋、元时期的教育形态趋于完善，成为我国古代教育的基本框架。

到了明、清时期，我国教育进入了衰落期。科举制度的腐朽、文字狱的出现、八股取士制度的推行、文化专制的泛滥、四毁书院的做法，都使封建教育制度走向衰败。与此同时，经学教育的地位受到了排抵，以颜元为代表人物的实学教育思潮兴起，反对科举取士、为社会培养经世致用之才成为社会对学校教育活动提出的新要求。封建教育的危机隐现，中国古代教育处在半殖民地、半封建社会教育的前夜。

在本书中，我们正是按照这一脉络把我国古代教育分成了五个阶段：发端期—定型期—鼎盛期—完善期—衰落期。

我国古代教育演进的示意图如下：

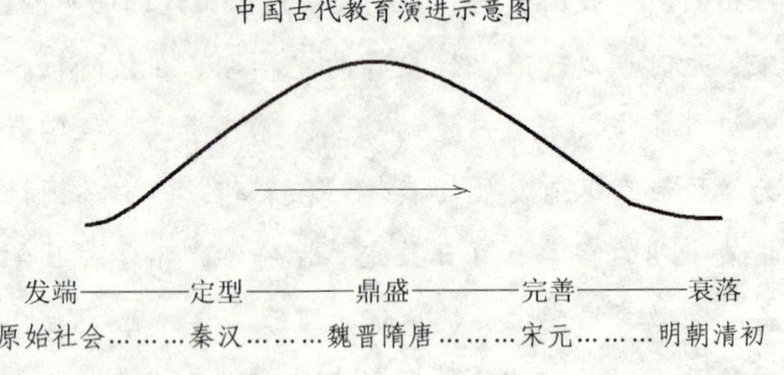

二、我国古代教育的发展主线与历史特征

我国古代教育是建立在特殊的社会政治、经济与文化背景之上的，社会对教育活动的决定性作用异常明显。在原始社会，石器是原始人的主要生产工具，每个人都离不开集体与族群，氏族内部成员之间是平等关系。与之相对应，原始社会教育具有朴素的平等性与无阶级性特征。在奴隶社会，青铜器是主要的社会生产工具，奴隶主与奴隶之间是不平等关系，奴隶主脱离社会生产，奴隶主对奴隶人身具有所有权，奴隶与奴隶主存在依附关系。与之相对应，奴隶社会教育具有鲜明的阶级性和不平等性，只有奴隶主子弟有接受学校教

育的权利，奴隶子弟只能在社会生活和生产中接受教育，夏、商、周三代的教育就是如此。从春秋时期开始，封建社会在中华大地上产生。从此，农民尽管具有了人身自主权，却没有土地，他们被束缚在土地上，接受着地主阶级的剥削。与之相对应，农民子弟所受的教育与地主阶级子女所受的教育相差很大：农民子弟只能接受一般的生产生活教育，而地主阶级子弟则可以接受到琴棋书画、文学诗词、经学玄学等方面的教育。到了明清时期，随着工业的萌芽、经学的失宠、实学的兴起、科举制度的衰落、西方民主科学思潮的传入，古代教育走上了日趋衰落的道路，我国教育处在大变革的前夕。

纵观我国古代教育的发展历程，我们不难发现，我国古代教育始终与社会生产生活保持着一种若即若离的关系。从原始社会的教育与生产生活的一体化关系到奴隶社会、封建社会的学校教育与生产生活的相对脱离，再到半殖民地半封建社会时期教育与生产生活之间趋于结合的关系，都足以证明：教育与社会生产生活间的关系是古代教育延伸推进的主线，是我国古代教育发展变革的主题。总而言之，与西方古代教育相比，我国古代教育具有以下几个特征：

（一）教育目的的政治化取向明显。古人将参加科举考试，在社会上谋取一定的功名和官职视为接受学校教育的直接目的，教育活动的功利化倾向严重。可以说，古人寒窗苦读的动机纯粹是为了政治上的实用，古代社会中学子崇奉的信条之一就是“学而优则仕”，通过求学来步入仕途是教育活动的最终目的。

（二）道德教育是中国古代学校教育的核心内容。把一切知识教育纳入道德教育的轨道，让一切教育活动沿着“修身、齐家、治国、平天下”的线路展开，从而体现出治学先要治人、正人必先正己、学习经义与治国实践相辅相成是中国古代的核心教育理念。以德治国、以德服人是古人接受教育的内在用意所在，是古人的根本学习动机。无论是儒家教育、道家教育还是经学教育、理学教育，其万变不离其宗的是道德教育，而科学技术教育始终被置于边缘地位。

（三）经学教育是中国古代教育的表现形态。让学生读经、注释、阐发儒家经典，学习“四书”、“五经”是古代教育的外在形式。在教学中推崇“述而不作，信而好古”，注重阐发儒家经典的“微言大义”，是我国古代教育的突出特征。

（四）重世俗而轻神性，重和谐而轻竞争，重整体而轻个体是中国古代教育的又一重要特征。我国古代教育不像西方那样归属于神学教育，而是将教育活动与人的社会生活、仕途密切结合起来，具有强烈的世俗性。在教育思想中一切求“和”当头，始终将培养学生的民族意识、天下意识作为教育的头等要务，相对而言，个体意识、竞争意识的培养显得薄弱。

总之，不同历史阶段的教育各有其特点，我国古代教育的形态是多样化的，这些教育形态的形成是与特定历史阶段的社会生产力发展水平和社会经济政治情况密不可分的。人所受教育的差异不但是其所处社会阶层差异的反映，而且服务于这种社会阶层与地位的巩固。相对于社会发展而言，教育既是社会的产物又是服务于社会发展的重要力量。无论处在古代社会的哪一个发展阶段，教育都是社会生活的重要组成部分。认识与了解中国古代教育，认识中国古代教育发展的曲折历程，是我们走进我国古代文化宝库的一条捷径。

发端：原始社会与奴隶社会的教育

华夏大地很早就有人类存在和活动，距今200万年前这里就有人类生存。在自然界里，原始人面临着十分严酷的生存压力与生物竞争，他们单靠个体是无法独立生活的，只有依靠群体的力量，生存在族群或群落中才能保住自己的生命。有了人类，便有了人类社会，逐渐形成了各种各样的社会关系与社会群落。为了生产生活的需要，为了传递传承各种生产常识与经验，教育活动随之产生了。人类从诞生的第一天起，就与教育活动结下了不解之缘。我国古代教育始于原始社会的原始人群时期，其后的氏族公社时期是古代教育发展中的重要阶段，此时的教育状况是原始社会教育的典型代表。而夏、商、西周是我国的奴隶社会时期，是古代教育雏形的形成期，显示出了学在官府、官师合一、政教合一等历史特征。

华夏大地很早就有人类存在和活动，距今200万年前这里就有人类生存。在自然界里，原始人面临着十分严酷的生存压力与生物竞争，他们单靠个体是无法独立生活的，只有依靠群体的力量，生存在族群或群落中才能保住自己的生命。有了人类，便有了人类社会，逐渐形成了各种各样的社会关系与社会群落。为了生产生活的需要，为了传递传承各种生产常识与经验，教育活动随之产生了。人类从诞生的第一天起，就与教育活动结下了不解之缘。我国古代教育始于原始社会的原始人群时期，其后的氏族公社时期是古代教育发展中的重要阶段，此时的教育状况是原始社会教育的典型代表。而夏、商、西周是我国的奴隶社会时期，是古代教育雏形的形成期，显示出了学在官府、官师合一、政教合一等历史特征。

教育的产生与雏形

原始社会教育发展的重要成就之一是广义教育的诞生，古代教育的起源问题一直是人们热衷的话题之一。古代教育是始于神的创造还是始于早已存在于所有动物世界之中，是始于动物间的模仿行为还是始于原始人群内部成员之间的社会交往？这些问题始终是挑战世界各国学者的课题。

一、中国古代教育的起源

法国哲学家、社会学家勒图尔诺（C. Letourneau，1831—1902）早就提出了教育的“生物起源说”，试图合理地解释古代教育是如何产生的。在《各人种的教育演化》一书中，勒图尔诺提出：教育现象不仅存在于人类社会中，而且还存在于人类社会的范围之外。在人类产生以前，教育就早已经在动物界存在，“尤其是略为高等的动物，完全同人一样，生来就有一种由遗传而得到的潜在的教育”，“人类教育的进行与动物的教育差别不大，在低等人种中进行的教育，与许多动物对其孩子进行的教育甚至相差无几”。可见，勒图尔诺认为年长动物对年幼动物的爱护、照顾也是一种教育，这种所谓的“教育”是人类教育的发端处。美国教育家孟禄（P. Monroe，1869—1947）则提出了教育的“心理起源说”，同样受到了学者们的关注。他不赞同生物起源说，而是从心理学角度提出了自己的主张。在《教育史教科书》中他明确指出：“原始社会以最简单的形式展现它的教育”，“用来帮助或强制个体服从普遍要求的复杂手段，绝大部分是无意识地对个体施加影响的……使用的方法从头至尾都是简单的、无意识的模仿”。一句话，教育起源于原始社会中儿童对成人出自本能的无意识模仿。实际上，无论是生物起源说还是心理起源说，它们都难以解释古代教育在原始社会中是如何产生的这一问题，因为它们都忽略了社会生产劳动与社会生活的需要对古代教育产生的客观作用。马克思主义者对该问题给出了明确而有力的回答：“教育起源于原始人生产劳动与社会生活的需要。”

教育是人类社会特有的一种社会现象，只有人类才有语言，才会制造和使用生产工具，所以只有人类才有教育活动。恩格斯曾经在《家庭、私有制和国家的起源》和《劳动在从猿到人转变过程中的作用》等著作中明确指出：劳动是使人之所以为人的关键条件，在生产劳动和社会生活中人们生产了传授生产知识经验与社会生活经验的需要，教育由此而产生，因此“教育起源于生产劳动”。教育的“劳动起源说”具有其科学依据：在200万年前，原始人最初的生活极其艰难困苦，他们需要依靠群体的力量，学习前人的生产、生活经验，并依靠简陋的工具同自然界做斗争，否则，他们就根本难以求得生存，更别说什么发展了。

在对原始人的考察中，考古学家发现：我国境内的原始人，如“巫山人”“元谋人”“蓝田人”“北京人”等，他们都已经能够使用石块、骨头和自制的石器从事简单的农业生产活动，击败野兽，获得基本的生活资料，满足自己的基本衣食住行所需。对原始人遗迹的考察也证明：为了生活，原始人群开展了群体生产劳动，制造了大量的劳动工具。与此同时，尽管他们制造的劳动工具极简单粗糙，生活范围极为有限，但他们还是积累了大量的生产劳动经验和社会生活经验。他们要把积累的制造和使用工具的方法与经验传递给下一代，他们需要把捕捉野兽、保护自己的经验与知识告诉年轻一代，他们需要把群体内的长幼秩序、食物分配规则等教给下一代等等，这就需要教育的产生。否则，原始人将可能永远处在动物式的生活方式之中，难以从动物种群中独立出来。总之，在原始人群中，把制造工具和使用工具的方法和把集体共同生活的秩序与经验传授给年轻的成员，使他们知道如何参与群体生活，如何开展生产活动，是非常必要的。

我国古代的教育活动，就起源于原始人传递群体生产经验和群体社会生活经验的需要。通过教育活动，让年轻一代掌握上一代人积累起来的全部生产劳动和社会生活经验，使他们站在一个全新的起点上开始生产劳动与社会生活，使他们成长为社会生活所需要的合格成员，是原始人群生存下来并超越其他种群的法宝和秘密所在。

在教育产生过程中，生产劳动主要发挥着以下三方面的作用：

首先，生产劳动的直接结果是大量的生产经验、劳动常识的产生，是制造工具、使用工具的方法和经验的形成。客观上，原始人的社会意识告诉他们：这些经验需要传递，有了这些经验，后续的生产劳动就会变得简单和容易。原始人正是利用简单粗糙的语言和意识记录下了这些经验与知识，形成了最为原始的教育内容。显然，这一切最终都归功于生产劳动。

其次，劳动本身是一种社会性活动，是一个需要协作、参与、互动的社会性事件。在劳动中，所有成员相互帮助、共同协作、相互启迪、相互交流，进而形成了一种正确处理个人与集体关系的生活常识和规范。否则，群体的生活秩序无法保证，群体的战斗力难以形成，原始人群体就可能走向瓦解，最终殃及每个原始人。因此，原始人群体中的相互协作意识需要培养，共同生活规范需要传承，教育的生产就成为必然。

第三，劳动从一开始就是一种有意识、有创造性、有计划、需要智慧和经验投入的社会活动，它为人类语言的产生创造了条件。在劳动与生活中，人类为了传递信息、表达情感就必须使用语言，语言正是伴随劳动的产生而产生的。语言的产生为原始人生产生活经验的积累和传递提供了便利，使原始人的教育活动的方式变得更为丰富。

由此可见，原始社会的教育内容、生活规范与交际语言的产生都最终根源于生产劳动，教育起源于生产劳动的论断具有其科学性与合理性。教育的产生不仅是人类社会实践活动的需要，也是人类自身繁衍与发展的需要。人类的生产包括两个方面，一个是物质资料的生产，一个是人类自身的生产。就其相互关系而言，物质资料的生产是人类自身生产的基础，它们都要以教育活动为条件。原始人从母体分娩出来之后，他们一方面需要物质资料来维持其生理机体的新陈代谢与正常发育；一方面又需要习得前人的知识经验，使其顺利融入原始人群体，参与当下的社会生产活动。因此，人类自身的生产包括两个方面：其一是通过生育环节实现的人的身体的生产；其二是通过教育环节实现的人的社会意识、生活经验的生产。缺失了任何一个方面，人类都难以继续向前发展。如果没有年长者对年轻一代的影响、传授、教育，就没有生产生活经验的延续，原始社会将可能停滞不前，新生一代的原始人也就难以维持人类社会群体的正常生活。正是在此意义上，我们说原始人需要教育活动，原始社会的延续离不开教育活动，教育是原始人生存与发展的基本手段。

二、氏族公社时期的教育状况

氏族公社时期是原始社会发展的关键阶段，其教育状况对原始社会教育而言具有代表性。从某种意义上说，了解了氏族公社时期的教育状况就等于了解了原始社会的教育情况。在该阶段，原始人开展的教育活动的内容多姿多彩，大体包括以下四种：

（一）生产劳动经验的学习

在原始社会，原始人过着集体采集和狩猎的生活，石器是他们的基本生产工具，所以学习打制、使用石器的知识与经验构成了此时教育活动的主要内容。在不同历史时期，原始人使用着不同的石器：原始社会初期，他们使用的石器工具主要是由石块相互敲击而成的，砍砸器（石斧）、尖状器等是其主要工具；旧石器时代晚期，石器加工成为原始人制造工具的主要方式，刮削器、边缘锋利的尖刀、投枪等是其常用石器，其特点是细小、精致、锐利，对野兽的攻击力强；中石器时代，细石器已被普遍使用，用石英岩和燧石制成的大型砍砸器、小型尖状器、刮削器等是原始人的主要生产工具；新石器时代，经过磨光或钻孔加工的工具，如石斧、石刀、石锛、石铲、石凿和石犁等被人类广泛使用，人类开始从事原始的农业和畜牧业生产；新石器时代末期，铜矿石冶炼技术被人类采用。在氏族社会中，原始社会的主要教育活动就是年轻一代跟随年长者在生产、狩猎、生活中学习如何使用和制造这些石器，如何用这些石器来捕捉野兽、进行生产，以最大程度地提高人类征服自然界、应对野兽袭击的能力。这样，生产工具的使用与制作知识就成为原始人要学习的主要生产经验。

（二）社会生活规范的学习

原始社会的年轻一代生活在复杂的血缘关系中，他们必须接受社会常识方面的教育与训练以形成一定的社会关系。这一训练的内容较为广泛，如取得氏族成员资格的教育，接受家庭传统和氏族部落传统的教育以及氏族内亲属、社会等级关系方面的教育。氏族公社是按照一定的等级关系组织起来的，在母系氏族社会中由德高望重的成年妇女来担任议事会的首领，而在父系氏族社会中则由身强体壮、经验丰富的成年男子担任议事会的首领，教育活动必须培养年轻一代对氏族首领的崇拜与服从意识。同时，在氏族内部还有严格的通婚制度与图腾活动制度，如禁止族内群婚、实行族外通婚制度、每个氏族成员都必须参与图腾活动等。这样，培养年轻人尊敬长辈、恪守家规、遵守礼法、服从禁忌等品德就成为原始社会生活规范教育的重要内容。

在原始社会生活常识教育方面，最为重要的一种形式就是成人礼。在该活动中，氏族要求青年男女在达到成年时必须接受氏族考验，参加各种各样的训练活动，经受艰苦的磨炼，如让他们独居于深山野林、承担艰巨任务、忍耐饥饿折磨。经考验合格的人方可参加由氏族长者主持的隆重典礼，由此得到氏族成员的资格。

（三）原始宗教方面的教育

原始宗教是在人类社会早期产生的宗教信仰与迷信崇拜活动，是人类解释自然现象的最原始方式，其主要表现形式为各种各样的崇拜，大体可分为三种：自然崇拜、图腾崇拜和祖先崇拜。原始社会，由于生产力低下，人类的自然知识浅薄，对于各种自然现象缺乏科学认识，由此产生一种困惑感和无力感。他们认为：各种自然现象，如日、月、雷、电以及各种动植物等都具有灵性，因此把它们当做神灵来崇拜，祈求消灾得福，获得平安。这就是自然崇拜。同时，不同氏族与部落的原始人会对不同的动物，如狼、鹰、鹿、猪等产生敬畏感，认为它们是自己的远亲，同时还会产生一种神秘感，这就是图腾崇拜。另外还有祖先崇拜，是原始人对自己家族的崇拜。在原始社会，成年人带领儿童参与各种宗教活动，让他们学会继续崇拜这些自然事物、图腾符号与家族祖先是教育活动的重要内容。

（四）军事教育的练习

在原始社会后期，不同部落之间的战争逐渐增多，许多氏族、部落组成部落联盟，共同对付敌人，是原始社会的常见现象。为此，氏族社会出现了“自治武装力量”，专门用于抵御外敌入侵。这样，训练年轻一代及氏族战士学习各种战争知识，如与人格斗、跳跃操练、机智应敌、摔跤搏斗等，就成为原始人必须接受的一项教育内容。

三、原始社会教育的历史特征

与低下的社会生产力水平相适应，原始社会的教育形态是粗糙、简陋的，但它却为我国古代教育，乃至现代教育提供了一个起点和基础。原始人时刻面临自然界的威胁，同时又要艰难地生活下去，教育为他们的生存与生活提供了有力的帮助。综观原始社会的教育活动，它有以下四个明显特征：

（一）生活教育的形式

在原始社会中只存在广义的教育形态——生活教育，而无独立的教育形态——学校教育。生活教育没有专门人员、专门场所、专门机构，还没有从社会生活中分化出来，是与原始社会的生活需要密切关联的，是全面服务于社会生产生活的。社会生活需要成员学习的知识经验、常识常规等都是教育的内容，如石器工具的制造和使用、狩猎的技术和经验、火的控制和使用、采集食物的技术和经验、共同生活的社会规范等等都是原始人年轻一代必须学习的教育内容。不仅原始社会的教育内容来自生产生活，而且其教育的方式也是生活化的，长者、老者为师，他们的身教与言传、示范与说明、口耳相传和实际操作是原始社会教育的主要方式。

（二）无阶级性与等级性

在原始社会，所有氏族、部落成员享有绝对平等的受教育权利，对所有人的教育目的一致，具有原始的平等性特征。原始社会的教育是面向全体社会成员开放的，是任何成员都可以参与的。由于原始社会财产公有，任何人没有私有财产，没有阶级的划分，原始社会的教育也没有阶级性和等级性，只有因为分工、年龄及性别的不同而形成的差别。

（三）全时空性

原始社会的所有教育活动都是简单、浅陋的，几乎所有教育活动都根据生产、生活的需要灵活组织安排，任何农业生产场地、宗教仪式场所、氏族聚会会场都是一个教育场所，是一种名副其实的“大教育”。这种教育的最大特点是潜在进行的，是覆盖原始人的所有生活时空的，青年一代只要参与了相应的生产、生活活动就能够受到相应的教育，他们时时、事事、处处在接受着教育。

（四）内容简单性

原始社会的教育内容基本上局限于一些原始的生产劳动、社会生活和原始宗教活动方面的训练与学习。尽管随着社会生产力和社会经济的不断发展，社会生活的不断丰富，原始社会的教育内容也呈现出日益复杂化的趋势。但总体而言，原始社会的教育内容是有局限性的，生活需要什么就学习什么，教育难以摆脱社会生产、生活的直接需要。

四、原始社会末期教育的变化

到了原始社会末期，由于战争的日趋频发，文字的产生与国家的形成，原始平等的教育活动悄然发生了转变，进而出现一些新的特征与迹象。

首先是专门的教育工作者的出现。到了原始社会晚期，两次社会大分工进一步提高了劳动生产率，农业生产日益发达，人们的劳动产品除了维持自己的生存必需以外还有了剩余，于是产品交换也开始了。在这种情况下，脑力劳动与体力劳动发生分工，一部分氏族首领与军队领袖逐渐从社会生产中脱离出来，专门从事脑力活动，他们成为最初教师的来源。经考证，“师”的原意就是部队编制中的一种官职，其主要任务是专门负责训练士兵。这就充分证明：在原始社会末期，专门的教育工作者——教师诞生了。

其次是专门的贵族教育产生。由于生产有了剩余，为掠夺剩余产品的战争随之爆发，频繁的战争导致了部落间的争杀，奴隶的出现、剩余产品的囤积加速了私有制与国家的形成。考古资料证明，最早的战争出现在中石器时代初期，而到了原始社会末期，这种战争日益频繁。原始社会的战争发生在氏族部落之间或部落联盟之间，是为了争夺赖以生存的土地、河流、山林等天然财富而发生的冲突。战争的直接结果是贵族的产生。他们拥有大量的生活资料，其子女可以摆脱生产劳动，专门从事学习活动。由此，面向贵族的专门贵族教育产生，教育具有了专职的学生——贵族子弟。

最后是文字的产生，这为教育活动提供了内容。文字的产生是原始社会末期的一个重要事件，它的出现也为学校教育的产生提供了可能。人类社会之初，人们为了交流思想、传递信息，口头语言应运而生。但是，口头语言的缺陷是它稍瞬即逝，无法保存信息，也无法传播到较远的地方，而且单靠人类大脑的记忆是不持久的。因此，原始人创造了原始的记事方法，如结绳记事、契刻记事等。公元前战国时期的著作《周易·系辞下传》中曾指出："上古结绳而治，后世圣人易之以书契。"汉朝经学大师郑玄也在《周易注》中说："古者无文字，结绳为约，事大，大结其绳；事小，小结其绳。"这就是结绳记事。所谓"契刻记事"，就是指人们用契刻的方法，将数目用一定的线条作符号，刻在竹片或木片上，作为双方的“契约”。后来，原始人还通过在沙地、泥板上画图的方式创造了图画文字，如甲骨文。

但是无论是结绳记事、契刻记事，还是图画记事，它们都是一种表意文字，都属于原始的、非常简陋、粗略的记事方法，其记事范围小、准确性差，使用起来比较麻烦、复杂，不利于人与人之间的信息沟通。为此，记事方法的继续改进显得大势所趋。渐渐地，人们固定采用一种图画来表达一个意思，久而久之，大家约定俗成，它就变成了一种符号化的文字，这就是最为原始的文字形式——图画文字。原始社会后期人们对图画文字进行了各种各样的抽象、简化、加工，最终就形成了我们现在所使用的汉字的雏形。文字的产生为原始人保存与积累社会生产生活经验提供了便利，加速了原始人文明的发展进程，对我国古代文明的发展产生了巨大的推进作用。

总之，剩余产品的出现、贵族教育的需要与文字的产生为狭义教育形态——学校教育提供了专门的教师、学生、教育内容，引发了原始社会教育内部结构的根本改变。一种独立形态的教育活动——学校教育萌芽产生了。由此，我国古代教育进入了一个崭新的历史时期——学校教育为主导的教育阶段。

五、教育故事集锦

（一）仓颉造字说

文字的产生是世界文明的伟大开端，但“文字到底是怎样产生的”这个问题对古人来说始终是个谜。古代人无法理解这个事实，因此产生了许多假说。这些假说表现为在民间流传的大量神话与传说，“仓颉造字”是其中最典型的一个。

仓颉造字说

相传仓颉在黄帝手下当官，黄帝分派他去管理圈里的牲口和屯里的食物。面对着逐渐增加的牲口和食物，聪明的仓颉尝试了在绳子上打结代表数目的方法计数，后来又改进为挂贝壳代表数目。黄帝统一华夏之后，能干的仓颉更加受到黄帝的器重，黄帝叫他管理事务的项目和种类也越来越多，打绳结、挂贝壳的记事方法已经远远不能满足需求了。仓颉受命思考一种更好的记事方法。他在高台上造屋住下来苦思冥想，可是想了很长一段时间还是没有想到好的点子。机缘巧合，一天仓颉看到天上飞着的凤凰嘴里叼着的东西掉了下来，这个东西正好掉在仓颉面前，仓颉捡起一看，上面有个蹄印。仓颉一时不能辨认出这是什么动物的蹄印。这时，刚好走来一位猎人，仓颉赶忙上前请教，经猎人一说，仓颉才明白这是貔貅的蹄印，貔貅的蹄印与别的常见兽类的蹄印不一样。这件事情激发了仓颉的灵感，他明白了万事万物都有自己的特点，如果能抓住事物的特征。根据事物的特征画出图像，这样大家就都能认识了。从这以后，仓颉仔细观察各种物类的特征，包括龟背的青色花纹、星宿的分布情况、山川的脉络状态等事物的特征。按照这些特征，他用简单的线条描摹客观事物的形状，力图让人一看就能把字形与具体事物联系起来，知道它所代表的事物，这样就形成了最古老、最形象直观的造字方法——象形法。时间一长，仓颉造的字越来越多，他把这些象形字献给黄帝，得到了黄帝的肯定。黄帝立即召集九州酋长，让仓颉把象形字教授给他们。于是，象形字开始应用起来。

仓颉造字有着重大意义，它标志着远古时期结绳记事蒙昧时代的结束。随着时代的发展，形象直观的象形字逐渐演变成今天我们所使用的汉字。后来人们为了纪念仓颉造字的功劳，尊称仓颉为“字圣”，将激发仓颉造字灵感的地方称为“凤凰衔书台”。

（二）学校起源说

与文字产生同样令人疑惑的是学校的起源问题。作为文明社会的主流教育形态——学校教育的诞生问题更受到世人的瞩目。目前，关于学校起源的学说有许多种，据说最早的学校始于“成均”与“庠”，在此我们仅举其中的两个例子来向大家做简要介绍。

学校起源说

1. 关于“成均”的传说

许多文献中都记载有关“成均”的传说。《周礼·春官宗伯》中记载：“成均，五帝之学”，其中提到：由大司乐掌“成均之学”，以乐教贵胄子弟。说明此时成均之学已经有了专门化的趋向。在成均学习的学生应该是脱离生产劳动的贵胄子弟，这是因为“乐”在当时已是氏族显贵应具备的文化素养之一，从舜命夔典乐教胄子，向贵胄子弟教授诗歌、舞蹈这些现象中可以推知。在父系氏族公社晚期，氏族和联盟的上层显贵都要主持公众集会以及各种社会仪式，在这些场合“乐”是必不可少的活动项目。因而，氏族显贵必须具备音乐素养。由此可见，以传授乐教为主的成均之学应该是我国在公元前2700年左右出现的最早的学校。

2. 关于“庠”的传说

据传，虞舜时代的学校已有大学、小学之分了。《礼记·明堂位》称：“米廪，有虞氏之庠也。”也就是说，在虞舜时代有一种兼做养老、藏米的学校——庠。《孟子·滕文公上》提到：“庠者，养也。”由于在氏族公社教育年轻一代的职责通常是由老人承担的，庠随之演变为专司教育的场所。到了氏族公社末期，社会等级分化出现，老人有了国老、庶老之分，敬养的场所也相应有了“上庠”“下庠”之别。正如《礼记·王制》中所谈到的：“有虞氏养国老于上庠，养庶老于下庠。”也就是说，此时人们把庠分化成两个等级，安置不同社会地位的老人，显示出这时期教育已经有了等级上的差别。这种既是藏米的仓库，又兼做养老和教育活动的机构，还不足以成为正式的学校。即便如此，作为一种有组织、有目的、有固定场所的教育活动，它为以后专门教育机构的产生奠定了基础。

（三）成人礼

成人礼，又称“成丁礼”，是原始人年轻一代接受社会生活规范教育的重要形式，其内容与形式是我们了解原始社会的一面镜子。

成人礼

在儿童的心中，成年人的世界总是神秘的，他们对成人的世界充满了好奇和渴望。当然，要想进入这个世界，必须通过一种叫做“成人礼”的民俗礼仪。这种仪式背后有着深刻的意蕴，它向周围的人群宣誓着、表演着，展示着成年不仅仅是一种生理过程，更是一个社会过程，是人生权利和社会义务的身份认定。

成人礼上，人们常以改换装束作为成年的标志。古代有“冠礼”和“笄礼”。男子一般在20岁时，以加冠更服命名为成年，象征从此可以参加社会公务活动。女子常在15岁时，以梳头改妆命名为成年，象征从此可以许嫁，也就是订婚。至今，我国的一些少数民族中仍可以看到以更换服装作为成年标志的仪式。

比如，彝族男孩的成人礼多在9、11、13岁时举行，主要以一种仪式性的程序给受礼者换裤子。女孩的

成人礼多在13、15、17岁时举行，包括换裙子、梳双辫、扯耳线等仪式，俗称“换童裙”。

摩梭族少男少女的成人礼都在13岁时举行。13岁是成人的年龄，成人礼时家庭要举办隆重的仪式，以告诉受礼者及其同伴，“你已经是个大人了”。在受礼者年满13岁后的第一个农历大年初一早上，家长在家中为满13岁的男孩举行“穿裤子礼”，为满13岁的女孩举行“穿裙子礼”。

基诺族少年的成人礼多在13—17岁期间举行。男、女成人礼在形式和内容上都有很大不同：男孩的成人礼显得更复杂、更有刺激性，一般是采用埋伏捕获的方式，突然将其捕捉，并挟持到受礼场所；女孩的成人礼只在家里举行，受礼者接受父母赠送的成年服装，聆听父母教诲关于成年女性应当遵守的一些规矩。

高山族男子的成人礼分为两个阶段，第一阶段是年至12岁时加入少年组织，每年选择吉日集体捕捉猴子；第二阶段是男性17岁以后正式加入成年组织，参加集体狩猎活动。

瑶族男孩的成人礼一般在16—22岁之间举行，据说是现今我国各少数民族中最为隆重庄严的成人仪式。

这一仪式俗称“度戒”，由专门的戒师主持，仪式长达七天七夜，有些地方持续时间甚至会更长一些。与之相比，瑶族女孩的成人礼就要简单一些，女孩修剪眉毛、鬓角和后颈头发之后换戴成人帽子即可通过成人礼。

这些隆重的礼仪是少男少女成人旅途中的重要一课。这一课会在他们的心理上留下一个标志，成为人生的分界线和分水岭，从此他们会有意识地迈开人生步伐，加入成人世界，成为社会组织的正式成员。

夏、商、西周时期的教育

夏、商、西周是我国的奴隶社会时期，是古代教育雏形的形成期。在这一历史时期，奴隶主是统治者，奴隶是被统治者，阶级社会初步形成，阶级教育是该时期教育的主要内容，学校教育产生并日益占据着社会教育生活的主流。夏商周时期，统治者尤为重视农业生产，农业生产主要采取奴隶集体耕作的方式，青铜器农具开始使用，农作物品种、耕作技术与农田水利方面都有了明显发展，农业生产率迅速提高。

同时，畜牧业也是该时期的重要产业，殷商遗迹中发现了大量的牛、羊、马等牲畜的遗骸。在该时期，学校教育是教育活动的主体，生活教育逐渐走向民间。

一、夏朝的学校教育

夏朝始于禹亡于桀，历时近五百年，是我国第一个奴隶制王朝。大禹治水成功之后，依据“禅让”制继承了舜的王位。大禹死后，他的儿子启继承了王位，开启了王位世袭继承制，建立了夏朝。启死后，太康继承王位，随后在东夷族的进攻下丧失了权力。经过近三代的争斗，少康继位后夏朝政权得以巩固和稳定。到了桀统治全国的时候，夏朝的实力有所削弱。桀是一个昏庸无能、贪图享受、奸贤不分的暴君、昏君，统治不得人心。后来，周边部落商汤对其进行讨伐，桀被战败，夏王朝被商朝所取代。

尽管夏朝历时短暂，但在有限的时间内却创造了灿烂的教育文化，为我国古代教育制度的成形起了奠基作用。夏朝时期人们创立的干支纪年纪日法，成为我国最早的历法，对于古代政治经济、农事政事产生了直接的促进作用。夏朝出现了我国境内较早的文字——甲骨文，“夏禹书”“禹王碑”是夏朝的传世文字，即今人所言的夏篆。

有了丰富灿烂的文化也就有了较为成熟的学校教育活动。在各种教育内容中，夏朝最为重视的是军事教育，故有“夏后氏以射造士”之称。夏朝是一个战乱频频的朝代，统治者为了巩固和扩大奴隶制政权，不惜发动大规模的战争，到处掠夺战俘来充当奴隶，镇压奴隶的反抗，对周边氏族部落进行讨伐，故重戎、尚武是夏代教育的主要特点之一。夏朝已经有了学校的设置。据《礼记·明堂位》记载：“序，夏后氏之序也。”可见，序是夏朝学校的主要形态。夏序有东序、西序之分：“夏后氏养国老于东序，养庶老于西序。”另据《古今图书集成·学校部》记载，“夏后氏设东序为大学，西序为小学”。实际上，序主要是战士学习射箭的教育场所，军事教育是其主要内容，之后这种学校的功能被放大，序也具有了议政、祭礼、养老和教育管理的职能，成为最早期的贵族学校。

夏朝的地方学校是“校”。《孟子·滕文公上》中记载：“夏曰校”，“校者，教也”。其意即“校”是教学的地方，是人们集中进行教育活动的场所。据《史记·儒林列传》考证，“乡里有教，夏曰校”，校是乡里之学，是地方、民间的学校，故可将之归入乡学。实际上，据后人考证，夏朝的“校”也是军事教育场所，军事项目训练是其主要内容。

二、商代的学校教育

商朝是中国历史上的第二个奴隶制国家，它始于公元前1600年止于公元前1046年。商朝的农业、畜牧业、养殖业发展迅速，以青铜器的冶炼与制造技术为基础的手工业较为成熟，商朝工匠已能够制造出各种精致的青铜器具，重达 875 公斤的司母戊大方鼎，便是其代表作。商朝是我国奴隶制的鼎盛时期，统治阶级是奴隶主贵族。商汤消灭夏朝后，废除了夏桀时的暴政和专制制度，实施了宽松的治民政策，王国内部的阶级矛盾有所缓和，政治局面日渐稳定，国力日益强盛。

商朝历经六百余年，创造了世人瞩目的文化。在河南安阳市小屯村发掘的殷墟遗址中出土了大量甲骨文卜辞，记载了商朝的文化发展状况。

甲骨卜辞，其中“甲”意指乌龟的背壳，“骨”意即牛的肩胛骨，“卜辞”意指占卜的记录，甲骨卜辞是指商朝人占卜活动的文字记录。从甲骨卜辞中可以看出，商朝已经有了真正意义上的学校。古代的学校都称为“学”，对“学”字的考证是我们了解商代学校的一条捷径。

在甲骨卜辞中，“学”写为“[illegible]”。从“学”字的写法可以推知，它表示了一种把教学活动安排在一定场所中来进行集中教授的意思，这正是学校教育的内涵所在。有学者考证，“爻”在此表示“占卜时蓍草交互的形状”，因为蓍草就是当时占卜用的一种植物，当时学校里传授占卜之术及其他方面的宗教知识时，都要用到蓍草；“[illegible]”表示两只手，在爻的两边加上两只手，表示教师手把手地对学生进行传授；

而“介”表示房屋，显然是指学习的场所，因此最后的“[illegible]”是把二者合并起来，其意是指把教学活动安排在一定的场所，这就是学校。①

在商朝的学校中，主要教育内容是“习武”和“习乐”，军事教育与礼法教育是商朝教育的主要构成。商朝奴隶主贵族对学校教育非常重视，修建学校、贵族子弟上学被看做是生活中的头等大事，一定要去占卜问吉凶。何时入学、天象是否适合入学都要占卜，并设酒祭祖、祭拜鬼神。同时，商朝的学校教育制度也较为多样。商朝的教育机构中不但有夏朝设立的“庠”“序”，还设立了“学”与“瞽宗”。据《礼记》记载：“殷人设右学为大学，左学为小学，而作乐于瞽宗”“殷人养国老于右学，养庶老于左学”。郑玄注云：“右学，大学，在西郊；左学，小学，在国中王宫之东。”可见，商代已经有了大学、小学、左学、右学等形形色色的“学”，已经有了专门用于教授贵族子弟习礼学“乐”、学习祭祀的学校教育机构——瞽宗。由此，道德教育、生活礼节教育成为商朝的重要教育内容受到重视，奴隶社会森严的等级教育随之开始了。

---

① 仲玉英：《学校的产生与西周的教育》。

三、西周的学校教育

西周始于公元前1046年，衰落于公元前771年，历时275年，是中国古代史上的又一个奴隶制王朝。西周建都于宗周（今陕西省西安市西部），由于周朝后来将都城东迁，所以称这一时期为西周。公元前11世纪初，周朝的前身——周族在征伐附近小国的基础上日益强大，并以不断向东进逼的态势，直指商朝。当时，由于商王朝政治腐败，内外矛盾异常尖锐，周武王出兵伐商。商朝士兵军心涣散，奴隶纷纷倒戈，周武王迅速消灭了商纣王，开始了周王朝一统天下的时代。西周统治时期社会经济发达，商品交换频繁，农业生产活跃。在该时期，诸侯各国均有自己的青铜作坊，青铜冶炼业异常发达，带动了各行各业的兴盛。在文字方面，西周出现了大量的在甲骨上和铜器上契刻的文字，为当代研究周朝历史提供了充实的资料。研究者据这些铭文推测：西周在农业、畜牧业、纺织业、冶金业、建筑业、天文、地理等方面取得了许多新进展，为教育活动的开展创造了优越的外部条件。

（一）西周的学校

西周时期全国已经建立了相对完善的学校教育体系。据《礼记·学记》记载，西周的学校教育体系是“家有塾，党有庠，术有序，国有学”，其意即周朝的每一级行政机构都设有相应的学校，即乡校、州序、党庠、家塾、国学等。这里，乡、党、州等是周朝的行政区划单位。总而观之，西周的学校分国学和乡学两种，国学设在国都丰镐，属于中央学校，它是周天子和诸侯在都城专门为奴隶主贵族子弟设立的学校，学子入学年龄一般为十五岁或十八岁。国学分为大学与小学两级，奴隶主贵族子弟依照学生入学年龄与程度分别进入两种学校。其中，大学又分为周天子所设立的大学与诸侯所设立的大学。周天子所设的大学一般规模较大，大致分为五学，分布在王宫的不同位置：辟雍居中，四周分设南(成均)、北（上庠)、东（东序)、西（瞽宗）四学，是进行教学活动的场所。而诸侯所设的大学，规模一般比较简单，且都仅有一学，因其半环以水，故称“泮宫”。西周的小学是专门为年少的王子与诸侯子弟设立的学校，其入学年龄一般为八岁、十岁、十三岁、十五岁，“古者八岁而出就外舍，学小艺焉。履小节焉。”（《大戴礼·保傅》)。在小学中设有专门司教的职官“小辅”。这正如《礼记·王制》所言：“天子命之教，然后为学，小学在公宫南之左，大学在郊，天子曰辟雍，诸侯曰泮宫。”

乡学是西周学校教育系统的重要组成部分，是专门为一般奴隶主贵族子弟设立的地方学校，其等级较低，且规模较小，设置简单。乡学是一般设在国都郊外六乡行政区之中。乡学的基本教育内容、教育要求、教育方法与国学基本一致。值得关注的是在这类学校中一般实行定期考查和推荐制度，那些优秀的学子被

送到国学继续深造。乡学考核一般由乡大夫主持，以较高的德艺为基本要求。经过严格考核，由乡大夫根据德行道艺标准把乡学中的优秀学生提名给司徒，被称为“选士”。司徒则将选士中的优秀者升入“国学”中的大学，称为“俊士”。俊士完成学业，经过司徒复试，合格者称为“造士”。大司业将造士报告于天子，而提名于司马，被称为“进士”。通过逐层选拔机制，西周的各类学校之间相互沟通，融为一体。西周乡学的设置是按照地方行政区划来进行的。在西周，“令五家为比，使之相保；五比为闾，使之相受；四闾为族，使之相葬；五族为党，使之相救；五党为州，使之相赒；五州为乡，使之相宾。”（《周礼·地官·司徒》）与之相应，西周根据行政区划分别设立了乡学，它们分别是：家塾、党庠、州序、乡校等。

西周学校教育机构的设置情况见下图：

西周的学校设置情况

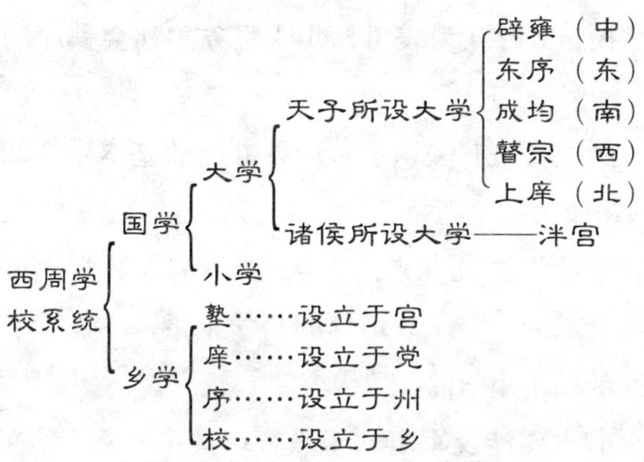

（二）西周学校的教育活动

西周学校的教育内容较为丰富，集中体现在“六艺”中。“六艺”即礼、乐、射、御、书、数，它们构成了奴隶社会的主要教育内容。

礼、乐主要是奴隶社会的社会伦理道德、礼节仪式方面的知识。其中礼是指礼仪，包括各种社会政治伦理道德，主要学习奴隶社会的“五礼”，即“吉、凶、宾、军、嘉”。这五种礼分别用于祭祀神灵和祖先，悼念死者，驱除灾祸，朝见会盟，打猎和作战，宴会婚姻。“五礼”教育的主要目的是教会奴隶主贵族子弟在这些场合中保持适当的仪容、仪态等。“乐”是指人们在开展上述礼仪活动时所奏的乐曲和所跳的舞蹈。西周很重视礼乐，礼乐是专门用来区分君臣、上下、尊卑、贵贱的等级制度，是巩固统治阶级地位的有力武器。相对而言，“礼”重视培养人的道德行为，“乐”重视培养人的道德修养与道德情操，二者互为表里，共同服务于社会秩序的维护与巩固。

书、数主要是有关识字、计算方面的基本生活知识。其中，书是指识字、写字，数是指计算，是最粗浅的计算知识。周朝已经发明了“九九乘法表”，成为周朝数学学习的内容之一。综合起来，书、数培养的是学生最基本的读、写、算能力，一般属于小学的学习内容。

射、御主要涉及军事知识教育。其中“射”是指射箭，

“御”是指驾车技能，二者合二为一，主要培养的是学生的作战能力。

“六艺”教育是我国西周教育内容的总称，它源于夏朝，发展于商朝，成型、完备于西周，成为西周教育内容的主体和标志。其中，“礼”，后世称之为周礼，强调的是典章制度和以孝、悌为核心的道德规范，“乐”的主要内容是歌咏、舞蹈、演奏乐器等，二者密切配合，一内一外地引导人融入社会秩序；“书”是读书、写字，“数”是计数，二者结合一体，满足了人们的基本生活需要；“射”“御”注重培养人的作战能力和武艺。“六艺”教育既重视思想道德，也重视文化知识；既关注传统文化，也注意实用技能；既重视文事，也重视武备；既训练人符合礼仪规范，也要求人加强内心情感修养，是一种“文武兼备”“知能兼求”的教育模式，对后世教育观念的形成与教育实践的发展产生了重要影响。

在国学与乡学中，“六艺”的教育内容又有所差异。在国学中，诗、书、礼、乐是主要的教学内容，具体是“三乐”“三德”“三行”“六艺”和“六仪”：大司乐负责教学生学习“三乐”，即“乐德”“乐语”“乐舞”；师氏负责教学生学习“三德”，即“一曰至德以为道本，二曰敏德以为行本，三曰教德以知逆恶”；以及“三行”，包括“一曰孝行以亲父母，二曰友行以尊贤良，三曰顺行以事师长”；保氏负责教学生学习“六艺”和“六仪”，即“一曰五礼，二曰六乐，三曰五射，四曰五御，五曰六书，六曰九数”；“六仪”包括“一曰祭祀之容，二曰宾客之容，三曰朝廷之容，四曰丧纪之容，五曰军旅之容，六曰车马之容”。而在乡学中，“六艺”的教育内容则较为简单，主要是由大司徒教给学生“乡三物”：“一曰六德：知、仁、圣、义、忠、和；二曰六行：孝、友、睦、姻、任、恤；三曰六艺：礼、乐、射、御、书、数”等。这与国学的基本内容是一致的。

四、奴隶社会教育的历史特征及其产生原因

尽管奴隶社会有学校教育，但与现代教育无法相提并论。受教育内容、教师身份等原因的限制，奴隶社会的教育具有其独特的历史特征，这就是学在官府、官师合一、政教合一。

（一）学在官府

“学在官府”是奴隶社会教育制度的主要特征，其意指此时的所有教育内容、书本知识、学术活动都被官府把持，教育活动仅仅局限在官府场所之内，在其他地方，尤其是民间根本就没有学校教育可言。官府掌控着文字记录的典籍文献、法制规章和祭祀典礼用的礼器，普通老百姓根本无法使用到这些资源和器物。因此，民间根本无法进行教育活动，只有广义上的生产劳动和社会生活教育。加之，奴隶社会的奴隶主贵族阶层都是世袭的，他们“世卿世禄”，教育对象仅限于有身份的官吏及其子弟，根本不可能将学校教育活动

惠及老百姓。学校教育活动世代为奴隶主贵族阶层所把持是奴隶社会教育的显著特征。

（二）官师合一

奴隶社会教育学在官府的直接体现就是官师合一和政教合一。学校教育的教师都由官府的官吏兼任，他们既担负着行政职责，又承担着教学任务。如上所言，西周国学的主持者称大司乐，负责祭祀和国家典礼，并兼管国学教育事务。大司乐属下的一些官吏，如师氏、保氏、乐师等同时也是国学的教师。官吏即教师，教师即官吏，官师合一，保证了奴隶社会教育的高度统一。

（三）政教合一

与学在官府、官师合一并存的是政教合一。在奴隶社会，政府部门、行政机构同时就是教育机构，二者没有分离，教育活动与政治事务合为一体。各种学校教育机构，如国学、乡学都同时兼有施政与施教的双重职责。其中，国学是国家举行重大礼仪活动的地方，举行礼仪活动的同时也就是对学生进行教育的时机。各级乡学则是地方举行乡饮酒礼、乡射礼、士人议政、养老尊贤等的活动场所。政事活动本身构成了学校教育的内容，学生在参与政事的过程中接受各种教育，二者连为一体，难以分开。

这些特征的产生有其历史原因，主要有三个：

首先是“唯官有书而民无书”。

在奴隶社会，一本书的加工成本非常高，要用刀、漆做笔，竹条、木板当纸，造价与成本较高，制作程序复杂，不是一般老百姓所能为，因此书籍少得可怜。书的制作至少需要三道程序：其一是对竹木等原料进行加工，去除其中的水分和斑点；其二是用刀在竹木上刻字，刻好后再用漆上色；其三是将竹片、木板用丝线或牛皮条串起来。只有官府才有制作书本的财力和人力。因此，在书本制好之后，官吏会派人严加看守，以防丢失。所以，一般老百姓根本无法看到这些书本，要去求学必须到官府才行。

其次是“唯官有器而民无器”。

奴隶社会的主要教育内容是“六艺”，其中礼、乐、射、御等科目的学习只有书本还不够。要学习这些知识，不仅要有教师的讲解，还要有配套的器物设备，如祭器、射器等来配合。而这些器物造价昂贵，一般老百姓难以置齐，只有在官府才可能是齐备的。所以，要学习六艺，同样只有在官府里面的人才有条件。

最后是“唯官有学而民无学”。

奴隶社会盛行宗法制，子承父业、家业世代相传，如果父亲担任了某个官职，死后也由其子继承，其他人没有加官机会。在这种情况下，学在官府、官师合一、政教合一的制度就把普通老百姓世代隔离在学校教育的大门之外，故学术难以广泛传播，只可能在官府内官吏子弟之间传播。这就无形中剥夺了庶人和平民的受教育权利，因此奴隶社会中人们受教育的范围非常有限。

五、教育故事集锦

长老训教是我国古代教育中的一种家庭教育形式，它作为学校教育形式的一种补充，在我国古代教育史上占有重要的地位。所谓长老训教，就是富有经验的长者对晚辈所进行的有关生产方式、生活经验等方面的教育训导。在我国历史上，最早的、正规的、有文字记载的家训是西周的《姬旦家训》。

《姬旦家训》

姬旦，史称周公，是西周初年杰出的政治家，他是周文王的儿子、周武王的弟弟、周成王的叔父和老师。他帮助武王伐纣灭商，开国有功，是西周开国重臣。周武王死后，其子成王年幼，由周公摄政。周公在摄政期间，以其卓越的政治才能和超凡的意志，使西周的政治、思想、文化和教育有了很大的发展，受到世人的赞誉。周公在身体力行、勤勉从政的同时，谆谆教诲侄子成王、儿子伯禽必须养成勤政爱民、谦恭自律、礼待贤才的作风。周公教诫子侄有《戒子伯禽》和《戒侄成王》二部家训传世，这两部家训合称为《姬旦家训》。

在《戒子伯禽》里，周公殷殷告诫代其治理封地鲁国的儿子伯禽说："我是文王之子，武王之弟，成王的叔父，我的身份、地位是很高的，可是为了求得贤才我朝思暮想，以至于到了洗头的时候都几次停下的地步，吃饭时如有士人来访要几次吐出口中的饭，起来接待他们，惟恐失去贤才。你到鲁国后，一定不能因为自己是国君，就慢待了士人和民众。要礼待贤才，勤政爱民，把鲁国治理好，做诸侯国的榜样。"伯禽没有辜负父亲的期望，没过几年就把鲁国治理成民风纯朴、务本重农、崇教敬学的礼仪之邦。

在《戒侄成王》里，周公一再告诫成王要修己敬德，防止骄奢淫逸、重蹈殷商失德亡国的覆辙。周公早就意识到国之隐忧不在当前而在后嗣。因此，他要求召公与其共同辅佐成王，戮力实施师保之教。周公对成王的教育，既包括治国安邦才能的培养，也包括个人品格的塑造。在周公的努力诱导下，成王终于成长为一代明君，西周成为奴隶制太平盛世。

《姬旦家训》对后世有着深远的影响。曹操在其名篇《短歌行》里高度赞扬了"周公吐哺，天下归心"的理政治国风范，并借此表达了自己欲图大业、求贤若渴的迫切心情。

《姬旦家训》多见于《尚书》的《君》《无逸》《多士》等诸篇中，它是中国第一本成文家训，首开中国古代家训之先河。

定型：春秋战国与秦汉时期的教育

春秋战国时期是中国古代教育的大转折时期，它为中国封建社会教育的形成与发展积累了精神财富，是中国古代教育发展中的特殊阶段；而秦汉时期则是封建社会教育走向定型的历史阶段。尽管秦朝以法家治国，汉朝以儒家治国，但二者各具特色，共同形成了我国古代封建社会的两大治国基础：依法治国与教化治国。春秋战国时期的教育探索为秦汉教育的发展提供了思想基础，而秦汉则将这些教育思想与教育理念付诸实践，筑就了中国封建社会教育的基本形貌。

春秋战国时期是中国古代教育的大转折时期，它为中国封建社会教育的形成与发展积累了精神财富，是中国古代教育发展中的特殊阶段；而秦汉时期则是封建社会教育走向定型的历史阶段。尽管秦朝以法家治国，汉朝以儒家治国，但二者各具特色，共同形成了我国古代封建社会的两大治国基础：依法治国与教化治国。春秋战国时期的教育探索为秦汉教育的发展提供了思想基础，而秦汉则将这些教育思想与教育理念付诸实践，筑就了中国封建社会教育的基本形貌。

春秋战国时期的教育

春秋战国是我国奴隶制社会解体、封建制社会形成的转折时期。这是一个中国历史上社会经济急剧变化、政治局面错综复杂、军事战争层出不穷、学术文化异彩纷呈的特殊时期，是中华民族文化的奠基时期，是中华古代文明逐渐递嬗

为中世纪文明的过渡时期。春秋初年，全国共有大小诸侯国一百七十余个，相互间会盟、征伐之事频频可见，其中较为重要的是齐、晋、楚、秦、鲁、宋、卫、燕、陈、曹、蔡、郑、吴、越等国。到了战国时期，各诸侯国的经济得到不同程度的发展，政治形势产生了很大的变化，尤其是诸侯国内部士大夫的势力逐渐发展起来，形成了一些实力派国家，即齐、楚、燕、秦、韩、赵、魏，合称“战国七雄”。

春秋战国时期既是战乱频繁的时期，也是古代教育与文化大发展的重要阶段。由此，社会进入了官学衰废、私学兴起、文化下移的新时代。奴隶主贵族的官学已经形同虚设，学生无心读书，整天游荡嬉戏，被奴隶主贵族垄断的“学在官府”现象日趋没落，教育进入了大变革时期。在这场变革中，随着奴隶社会的崩溃和封建社会的建立，官学开始在孔子的带动下移向民间。此后，官学和私学并行不悖、相得益彰，共同推动着封建社会教育的发展。

一、私学的兴起

春秋战国时期的政治环境、社会环境催生着一种新型教育形态——私学的形成。私学是由民间学术力量兴办的以自由讲学、自由授徒为特征的新型教育活动形式，是我国古代教育的重要组成部分。私学与官学并行发展是我国古代教育的鲜明特征。私学的兴起要从周王朝末期的文化下移现象说起。

（一）文化下移

随着周王朝官学的衰落，被奴隶主贵族垄断的文化教育开始向民间转移。“乱世则学校不修”，在周王朝统治后期，由于常年征战，动乱频繁，统治者无暇顾及学校教育。在内外力量的夹击下，周王朝的统治力量薄弱，也使他们没有力量来继续兴办官学。而且，奴隶主贵族世袭制度也使官学失去了活力，学与不学对于贵族子弟继承父业、担任官职没有多大影响，他们也不愿意为学习投入更多力气。这些原因最终致使官学失修，教师的学术活动无人问津，学校教育陷于衰败状态。在这种形势下，专门掌管教育活动的官吏纷纷离开王宫，寻找生路，文化、学术活动随之被带向民间，文化下移的态势由此形成。文化下移的直接结果是使周王朝形成的学在官府的局面被打破，文化的分布开始由一个中心变为多个中心。在该时期，鲁国成为儒家教育的中心，宋国占主流的则是墨家的教育活动，而在楚国，道家教育活动红极一时。正如《左传》所言：子见郯子后，曾慨叹，“天子失官，学在四夷”。其意即掌握文化典籍的官吏离开王宫，将文化典籍、学术知识传播于民间，打破了“礼不下庶人”的文化格局，一种新的教育景象出现了。

（二）士阶层的形成

“士”是春秋时期新出现的独特社会阶层，他们大致可

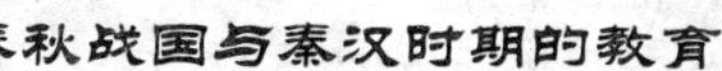

以分为三类：文士、武士和能文能武之士。士大部分是从奴隶主贵族中分化出来的，也有一些属于平民阶级和新兴地主阶级，甚至包括一些获得人身解放的奴隶。士阶层的形成与奴隶社会末期的官学没落有着直接关系。在公元前 675 年、公元前 635 年和公元前 516 年，周王朝先后发生了数起争夺王位的事件，由此导致世代掌管国学的官员、文化官吏流落他乡，成为士阶层的主要来源。这些文化官吏失去了世袭的职位，流落于社会，渐渐成为专靠出卖知识谋生的士人，成为文化下移的直接推动者和主要媒介。这些人中，许多人把兴办私学、聚徒讲学作为他们的主要谋生手段。

同时，出于统治阶层、不同诸侯国之间争权夺利、争夺国土的需要，奴隶主贵族统治者或新兴地主阶级统治者需要借助于士阶层的智慧和力量来巩固自己的统治地位。随之，“招贤纳士”，积极“养士”成为上层统治阶级内部的一股潮流。当时，士阶层人士在行动上有较大的自由，即所谓“士无定主”，他们成了统治者竞相争取的对象，深刻影响着社会的变革。春秋初期，“养士”之风盛行，如齐桓公养士八十人，如秦穆公、魏文侯、齐威王、齐宣王、梁惠王、燕昭王等都一度争相养士，养士多者达上千人。养士之风的盛行使士阶层成为受人追捧的对象。人人争相学习，努力步入士阶层，这种风潮直接刺激着学风的转变，为私学的兴起创造了良好的社会氛围和外部环境。

（三）私学的兴起

官学失修使贵族教育失去了藏身之所，士阶层的形成使贵族教育失去了教师，学术、文化活动在官府和官学中的生存根基被动摇，学术、文化活动被迫寻找它的新舞台，这就是私学。总而观之，春秋时期私学的兴起与三个原因密切相关：

首先，社会的变革打破了奴隶主贵族垄断教育的局面，“学在官府”的局面被冲破，密藏于官府的典籍文物、祭祀礼器逐渐流落于民间，为私学提供了学习的内容和材料。

其次，士阶层的崛起和文化官吏流落于民间，为私学提供了现成的教师。

最后，诸侯争霸、纷纷招纳贤士的政治需要为培养“士”的教育活动提供了温床和用武之地。社会上的许多人为了求得在经济上、政治上的发展，迫切需要掌握文化知识，步入士阶层，这就为私学的发展提供了广大的生源。

有了教育内容，有了教师，有了学生，有了社会的需要，私学的形成就成为必然。因此，到了春秋末期，私学日愈兴盛，据记载，此时的私学多达数十种，简称“诸子百家”。其中，最为令人瞩目的有荀子私学、墨家私学、道家私学、法家私学、名家私学、阴阳家私学、纵横家私学、杂家私学、农家私学、小说家私学等。相比而言，儒家学派中的孔子创办的私学规模最大，素以“弟子三千人，身通六艺者七十二

人”著称，成为世人有口皆碑、世代称颂的对象。

二、春秋战国时期的各家私学教育

春秋战国时期，官学失修，私学成为传承古代文化的主要形式。在这种特殊的环境中，以孔子、墨子、荀子等为首的一批学术大师百家争鸣、各持己见，提出了自己的治国之道与哲学主张。为了传播他们的学术观点与治国之术，他们聚徒讲学、开门办学，形成了一幅独特的教育景象，成为该时期教育活动的主流。在这些私学中，尤以儒家私学、墨家私学、道家私学、法家私学最为典型，在此作一简要介绍。

（一）儒家的私学教育

儒家私学的开山者是孔子，他是我国私学首创者，对私学发展的贡献最大。官学的校舍都由国家建立，且建立的地点也由国家统一指定，私学却不受这些限制。在什么地点办学，开办多少所私学，由谁开设，官府并不干预。同时，私学的规模也因办学竞争而出现生源波动的现象。受少正卯私学的影响，孔子的私学规模曾经“三盈三虚”，不断变化，生源的不稳定性正是私学的共同特点所在。

孔子大约在三十岁时开始讲学，他创办了历史上儒家学派的第一所私学，其中不乏得意弟子，如颜渊、曾点、季路等。孔子平时在曲阜城北的学舍讲学，出外游历时，弟子们也紧紧相随。随着孔子私学声望的提升，弟子也越来越多，最终发展成为春秋时期规模最大的私学。在教育对象的选择上，孔子主张“有教无类”，学生不分地区、不分贵族与平民、不分贤愚，一律招收，均可入学。在教育目的上，孔子主张“学而优则仕”，主要培养从政的政治人才，为学生的仕途服务。孔子的私学以“六经”，即《诗》《书》《礼》《乐》《春秋》《易》作为教育的科目，大力宣扬儒家的政治主张与人生哲学，向学生灌输统治阶级的政治、道德思想，努力达到“复礼”的社会目的。

孔子的私学校舍有“堂”和“内”之分。其中，“堂”是指教室，是教师和学生共同学习的场所；“内”指学生的宿舍，走读与寄宿是孔子私学的两种形式。孔子对学生学习要求特别严格。有一次，学生宰予白天睡觉，不读书，孔子见后非常生气，就严厉地批评他：“朽木不可雕也，粪土之墙不可杇也。”其意即白天不学习却如此贪睡，这样的人就好像腐烂了的木头，是雕刻不出什么形状的；就像粪土垒的墙壁，根本无法对之再进行粉刷了。在学习中，孔子也经常鼓励学生，他称赞颜回“贤哉！回也!”颜回是鲁国本地人，属于走读生，家境贫寒，“一箪食，一瓢饮，在陋巷，人不堪其忧，回也不改其乐”，就是对颜回苦学精神的称颂。在讲学时，学习地点经常是改变的，把讲学与游说结合起来是孔子私学的又一特征。通过这种方式，孔子一方面可以传播自己建立的学说和主张，以吸收更多门生，树立学派，形成

带有政治性质的社会集团，以谋求实现自己政治主张；另一方面，孔子游说各国诸侯，是为了使自己的治国学说能被某一诸侯国采纳，找到自己的用武之地，实现自己和学生的仕途愿望。在春秋末期，孔子私学的规模达到了极高的水平，据说存在了四十余年，授徒三千多人，其中有七十二人被举贤为官。①

孔子之后，儒学走向分化，出现了许多分支流派，其中最引人注目的是孟子私学和荀子私学。其中，孟子私学是战国中期有很大影响的学派。孟子一生热爱教育事业，他把收徒讲学、传授知识看成人生的乐趣之一，将“得天下英才而教育之”视为人生的三大乐趣之一：“君子有三乐，而王天下不与存焉。父母俱存，兄弟无故，一乐也；仰不愧于天，俯不怍于人，二乐也；得天下英才而教育之，三乐也。”（《孟子·尽心上》）这不仅是中国教育史上第一次把“教”与“育”二字连用，而且也是第一次提出把培养天下优秀人才当做人生的乐事。孟子私学较为昌盛，据《孟子·滕文公下》记载，孟子私学“后车数十乘，从者数百人，以传食于诸侯”，可见盛极一时。孟子私学的教育目的是教人“明人伦”，修养德性。所谓“人伦”，就是人与人之间的五对道德关系——“父子有亲，君臣有义，夫妇有别，长幼有序，朋

① 仲玉英：《学校的产生与西周的教育》。

友有信”，其内核是以“孝悌”为伦理道德基础的伦理教育。孟子私学特别重视人的内在能力的培养。他认为，人人天生都具有仁、义、礼、智这四个“善端”，教育的使命就是帮助人发挥这些善性、善端，使之发扬光大。在孟子看来，教育的主要作用是发挥人的内在潜能，主张教育功能的“内发”说。教育的目的是培养具有“大丈夫”品质的贤士，正所谓“富贵不能淫，贫贱不能移，威武不能屈，此之谓大丈夫”。首先，“大丈夫”有高尚的气节。其次，“大丈夫”有崇高的精神境界——浩然之气。孟子私学的授业弟子众多，其中最著名的有万章、公孙丑、乐正子、公都子、孟仲子等。孟子私学在教育教学中形成的这些理论和经验为后世开展儒家教育提供了经典内容。

荀子是战国末期儒家思想的集大成者。荀子十五岁时，曾到稷下学习，后来在这里长期执教，三次被尊为当时齐国最为著名的稷下学宫的“祭酒”，成为资望最高的“老师”。荀子曾把教师提上了一个与天地君亲并列的地位，甚至认为教师是礼之本，“礼者，所以正身也；师者，所以正礼也。无礼何以正身？无师，吾安知礼之为是也?”要求世人尊师重教。荀子私学弟子众多，也经常开展各种游学活动，荀子曾带着众弟子到秦国、楚国访问、游说。与孟子学说不同，荀子坚持性恶论，主张教育活动的“外铄”说，重视后天学习对人发展的重要意义。荀子认为，人性是人与生俱来的自

然属性，而后天习得者为“伪”，即人为的东西，人的本性是恶的，而人的善德是后天习得的，后天学习使人变得善良。这个过程就是“化性起伪”。教育在人的发展中就起着“化性起伪”的作用。人一方面要发挥其主观能动性，另一方面又要善于利用环境的作用，“化性起伪”，人的善行是环境、教育和个体努力的共同作用。荀子私学非常重视传统文化知识的教育，荀子私学的主要教育内容是儒家经典《诗》《书》《礼》《乐》《春秋》等，尤其重视以“礼”为核心的儒家伦理教育。

（二）墨家的私学教育

在春秋末及战国时期，墨家私学和儒家私学并称为两大“显学”。墨家私学的学子多数来自社会的下层，有些人直接从事生产劳动和手工业生产。创始人墨翟，人称“墨子”，是墨家私学的发起者和主要组织者。他早年受过儒家教育，做过宋国的大夫，曾经北使齐国，西使卫国、郑国，南至越国，两次到过楚国，到处传播墨家的政治灼见，所到之处，诸多学生紧紧随行。可见，游学活动也是墨家私学的主要内容。墨子广收生徒，平常亲随其身边的学生就达数百人，形成了声势浩大的墨家学派。墨家私学有严密的组织，纪律严明，相传都能“赴火蹈刃，死不旋踵”，以自苦的方式砥砺意志与德行。墨家私学培养学生刻苦、耐劳、服从和舍己为人的精神，培养他们勤俭、能吃苦的品性。墨家私学的形式活动是众徒开展论辩，即所谓“墨辩”。墨家私学中也有从事武侠行道的人，“墨子之门多勇士”（《新语》），他们被称为“墨侠”，其领袖被称为“巨（钜）子”。墨子死后，墨家分成三派——相里氏、相夫氏和邓陵氏。之后，南方、北方，甚至西方的秦国都有墨家私学及其弟子的行踪。墨家私学旨在培养“兼士”，这种人必须具备三个条件——“厚乎德行，辩乎言谈，博乎道术”。墨家私学中的学子学成后也被派去做官，服务于诸侯国的朝庭，但必须遵循墨家“兼爱”“非攻”的政治宗旨，否则随时都会被召回。墨家私学的教育内容主要是传播墨家的一些基本政治主张，即以“兼相爱，交相利”的政治学说为基础，号召人们视人如己，爱人如己，兼爱天下；号召政治家尚贤、尚同和非攻；号召老百姓尊天事鬼，实现人人互利的目的。至战国后期，墨家私学分化成两个分支：一支注重认识论、逻辑学、数学、光学、力学等学科的研究，被誉为“墨家后学”；另一支则转变为秦汉社会的游侠。

（三）道家的私学教育

道家私学的发起者是老子，其代表人物有庄子、列子等。由老子开创的道家私学崇尚“自然”“无为”的政治思想，带有明显的消极避世的倾向。老子之后，庄子一派被认为是道家的正统传人，庄子也与老子并称为“老庄”。庄子的文学水平极高，他在著作《庄子》中通过大气磅礴、

潇洒肆意的笔法来书写人的渺小，描写自然的伟大。庄子一派认为：人与自然是对立的，主张摒弃社会的一切，宣扬精神的逍遥和对大自然的仰慕。除了庄子一派之外，道家私学在齐国稷下发展出著名的黄老学派。黄老学派的黄老之术更适合于现实的政治需要，表现出积极于世的精神。道家学派以春秋末年老子关于“道”的学说作为理论基础，以“道”来说明宇宙万物的本质、本源、构成和变化。道家学派认为：天道无为，万物自然化生，否认上帝鬼神主宰一切，主张道法自然，顺其自然，提倡清静无为，贵柔守雌，以柔克刚。道家的政治理想是“小国寡民”“无为而治”，这一思想为汉初统治者所采纳。老子以后，道家学派内部分化为不同派别，主要的有四大派，即庄子学派、杨朱学派、宋尹学派和黄老学派。道家学派的经典著作——《道德经》《庄子》《列子》等构成了道家私学的主要教育内容。在教育理念上，道家崇尚自然，认为人的最佳状态是如同婴儿般的无知无欲、无争无斗的素朴状态，而社会文明的发展与教化使人异化，摧残人的天性，背弃自然。因此，要使教育不阻碍人的发展就应该顺木之天，以致其性，尽可能减少人为干预、遵循人的自然发展。道家私学主张：最好的教育是没有教育，从根本上否定了教育的作用。在人格培养上，道家私学主张培养人的“逍遥”人格，造就出一种“无功”“无名”、淡泊名利、物我两忘的逍遥人格。在学习方法上提倡怀疑，引导学生学会怀疑自然、怀疑社会、怀疑“圣人”教条。

三、孔子的教育思想

孔子，名丘，字仲尼，是中国古代伟大的思想家、教育家，儒家学派的创始人，被誉为“万世师表”，世界上许多国家都将孔子的诞辰定为教师节。孔子是我国教育史上一个将毕生精力奉献给教育事业的人，他在文化教育上的主要贡献有两个：一个是开创了私人讲学之风，积累了丰富的教育教学经验，成为我国古代教育思想的奠基人；一个是晚年编订“六经”，整理和保存了我国古代文化的典籍。创办私学与编订“六经”对中国古代教育的延续与发展功不可没。大约从三十岁开始，孔子开始私人讲学，向他求教的学生络绎不绝，在鲁国的影响非常大。五十岁左右，孔子当上了鲁国的“中都宰”，不久又被擢升为“司寇”，但由于时局动荡，三个月后他被迫离开了鲁国，带着他的学生周游列国，度过了十四年的流亡与游学生活。晚年时，孔子重返鲁国，专门从事讲学和整理古代文献事业，直至逝世。

孔子的教育思想主要体现在《论语》中。《论语》相传是他的弟子辑录孔子言行的语录，它是我们研究孔子教育思想的主要素材。孔子的教育思想博大精深，在此，我们将之归纳为以下几个方面：

（一）论教育对国家的功能

“庶、富、教”的关系问题是孔子教育主张的重要内容，是孔子对教育与国家关系的论断。

在教育与政治的关系上，孔子认为教育工作本身是一种政治工作，因为通过教育活动可以把政治思想、伦理道德传播到民众之中，从而达到化民成俗的目的。孔子认为，通过教育把孝顺父母、友爱兄弟的风气传播开来，推己及人，就会影响整个社会生活。

在教育与经济的关系上，孔子认为，要治理好一个国家，就需要努力发展经济，让国家富足起来，而后还应该加强教育，来巩固其政治制度。这就是“庶、富、教”思想。有一次，孔子到卫国去，冉有替他驾车，在路上有一段对话：

> 子曰：“庶矣哉！”冉有曰：“既庶矣，又何加焉？”曰：“富之。”曰：“既富矣，又何加焉？”曰：“教之。”
>
> 《论语》

总而言之，孔子认为：立国的三个要素是人口、经济与教育。当一个国家有了坚实的经济后盾后，就应该加强教育事业，让社会走向文明。

在教育与法律的关系上，孔子主张仁政治国，号召统治者不能只靠政令、刑律管理国家。正如他所言，“道之以政，齐之以刑，民免而无耻。道之以德，齐之以礼，有耻且格”。换言之，孔子认为教育比政令、刑律更加有效。

（二）论教育对人的发展的作用

孔子认为，教育对人的发展具有重要意义，在《论语·阳货》中，孔子提出了“性相近也，习相远也”的重要论断，其意即人的本性是很接近的，后来之所以有较大的差别，是由于教育和学习的缘故。这一观点的积极意义就在于坚持了人的先天素质并无差别，不论贫贱，人生来应该是平等的，都应该通过学习来改变自己的命运与处境。同时，孔子也强调后天环境、教育和努力对人的发展的重要意义，大大地肯定了人接受教育的必要性与可能性，激励人们好好求学，改变自己。

孔子的这一论断在当时的时代背景下具有革命性意义。自周王朝以来，天生的血缘与出身是判断人的高低贵贱的决定性条件，而孔子却理性地提出了后天努力对人的积极意义，这无异于给传统观念一个沉重的打击。同时，这一观点认为：人有没有接受教育的权利取决于个人的主观意愿而非身份门第，这就为“有教无类”主张奠定了理论基础。

（三）教育对象观

在教育对象的选择上，孔子主张应该“有教无类”，认为任何人都可以受教育。就其本意来说，“有教无类”是指所有人不分贵族与平民，不分华夏与华夷，都可以入学，成为教育的对象。“有教无类”的提出，打破了世袭贵族对教育权利的垄断，把教育对象的范围加以扩大，打破了“礼不下庶人”的等级制度，顺应了历史发展的潮流，为社会发展注入一股新的活力。

（四）教育目的观

孔子认为，求学的目的就是做官，教育是为学生步入仕途做准备，“学而优则仕”就是这一教育目的观的生动表达。“仕而优则学，学而优则仕”，从理论上概括了孔子教育目的观的一个重要观点。把官职与学习、仕途与求学紧密联系起来，培养出治国安民的贤能之士，是孔子实用主义教育目的观的主要内容。这一教育目的观的提出具有其历史意义。在周王朝世袭制的影响下，各诸侯国任人唯亲不唯贤，直接影响了社会的健康发展。孔子主张“任人唯贤”，以学定官，学习与仕途相统一的政治思想无疑是给时代注入了一股活力和新风，直接影响了整个中国古代社会选仕思想的发展。

（五）教学的方法原则

在教育实践中，孔子形成了一系列独特的教学方法，成为后世学习的典范。孔子的教学方法观大致包括两个方面：

在教学过程上，孔子认为，教学是学、思、行三个环节的结合，应当用学、思、行的策略来解决学生学习与思考、掌握知识与发展思维间的矛盾，实现教、学、思的相互促进。“学而不思则罔，思而不学则殆”是孔子这一观点的集中反映。为此，在教学过程中应强调启发诱导原则，科学解决发挥教师的主导作用和调动学生积极性间的矛盾。正如孔子所言，“不愤不启，不悱不发，举一隅，不以三隅反，则不复也。”也就是说，孔子要求教师在教学前务必先让学生认真思考，已经思考了相当时间但还想不通的时候再去启发他；虽经思考并已有所领会，但未能以适当的言词表达出来，此时教师也可以去开导他。

孔子首创了因材施教的教学原则。其主要特征是关注学生的个性、人格、悟性等方面的差异，努力解决教学中统一要求与个别差异之间的矛盾。实现因材施教的关键是对学生要有深刻、全面的了解，准确掌握学生的特点。孔子对学生的个性了如指掌，如“求也退，故进之；由也兼人，故退之”“柴也愚，参也鲁，师也辟，由也喭”。所以，他根据学生的不同特点施教，使他们都能发挥各自的特长，成长为不同类型的人才。如“德行：颜渊、闵子骞、冉伯牛、仲弓；言语：宰我、子贡；政事：冉有、季路；文学：子游、子夏。”由于孔子对自己的每个学生的性格特点都有所了解，在教学中就可以始终坚持有的放矢、有针对性地开展教学活动。其次，孔子倡导的教学原则还有学而不厌、诲人不倦，尽职尽责、热爱学生，以身作则、身教重于言传，教学相长等。这些教学原则的提出对于教学活动的优化具有积极意义。

（六）教育内容观

孔子私学的教学内容是“六经”，即《诗》《书》《礼》

《乐》《易》《春秋》。“六经”是孔子晚年编纂而成，是古代文化遗产的结晶，其主要特点是注重思想品质和道德教育，把道德教育视为其教育思想的核心，注重培养人文素养。其缺陷是忽视了自然科学、知识的传播，鄙视生产劳动的知识技能，不利于社会生产的全面发展。

（七）道德教育观

“仁”是孔子私学道德教育的最高概念，以“仁”为核心来构建道德教育的体系是孔子教育活动的主要特点。具体而言，孔子的道德教育思想是以“孝悌”为本，以“礼”为规范，以“忠恕”为一贯，以“中庸”为准则，倡导智、勇、信、义的完整体系。进而言之，孔子认为，道德教育的首要环节是立志乐道。“立志”就是要确立人生的远大理想和宏伟目标，找到前进的动力；而“乐道”则是要求道德学习者树立起决心为实现自己的政治抱负、政治理想而心甘情愿为之奉献的信念。其次，孔子认为，修养道德的主要方法是克己内省、身体力行与改过迁善。其中，克己内省要求人在处理人际关系时，要严格要求自己，约束和克制自己的言行，使之符合道德规范的要求。同时，人还要积极开展思想分析活动，自觉地进行思想的自我监督，把被动遵守道德规范转变成为内在的自觉。身体力行主要解决的是人的道德认识与道德行为间的统一问题。孔子要求，人必须身体力行、言行一致，做出符合道德准则的行动，从而取信于人。另外，改过迁善也是修养道德的重要方法。其意即人在处理过失和改过的关系时，应该及时改过、纠错，培养良好品行。

孔子是我国古代杰出的、影响深远的伟大思想家、政治家和教育家。他毕生从事教育事业，对后世教育活动产生了巨大影响。孔子重视教育在社会发展、个体发展中的重要作用，强调要重视教育，积极接受教育，发挥教育活动的能动作用。他首创私学，实行“有教无类”的教育方针，扩大教育对象的范围，促进文化学术的下移，对中国文化事业的传承做出了历史性的贡献。在教育目的上，孔子主张“学而优则仕”，为封建官僚的政治体制准备了条件，体现出强烈的功利主义色彩，强调教育活动的实际功能，反对用人唯亲的政治陋俗。他重视对古代文化的继承和整理，进行教材建设，形成了后世儒家经典——“六经”的基础，对中华民族文化遗产的传承做出了时代性的贡献。在教育教学实践中，孔子形成了一套行之有效的教学方法与教学原则，揭示了一些客观的教育规律，为中国古代教育的繁荣与昌盛打下了坚实的基础。总之，孔子是中国古代教育的奠基者，是中华民族古代文化的集大成者，是中国古代教育史上一颗璀璨的明珠。

四、教育故事集锦

游学是孔家私学的重要教学形式，是扩大私学教育影响的有效途径。孔子周游列国的故事被后世传为佳话。

孔子周游列国

孔子在他五十五岁之时，看到鲁国国君越来越醉迷于酒色之中，觉得再辅助鲁国已没有多大的意义了，便决定离开鲁国。他带着自己的一批学生周游列国，希望找机会实现他的政治主张。孔子离开鲁国后，在外漂泊了十四年之久，先后到过卫、匡、蒲、曹、宋、郑、陈、蔡、晋、楚等国，并反复进出卫国。

孔子在鲁国做了很多振兴国家的事情，也创办了教育事业，对鲁国是一往情深。他曾说："齐一变，至于鲁，鲁一变，至于道。"（《雍也》）"道"指"天下有道"的西周时代。他认为鲁国比齐国好，只要稍事变革，就可以上拟于太平盛世的西周。在数年为政生涯中，他倾注了自己全部的热忱，希望在鲁国重致太平，复兴周公之业。即使不能为政，在鲁国隐居也是一件乐事。那沂水的清波，舞雩台的清风，还有二三同道，都令他流连忘返。从前不用于齐，他捞起正在锅里煮着的米，头也不回就毅然决然地离开了。而现在，在离开鲁国边境的时候，孔子徘徊延迟了几天，最后满怀着对祖国的眷恋，慨叹道："迟迟吾行也，何以去父母之邦！"

孔子说："鲁卫之政，兄弟也。"也具有"一变至道"

的优点。卫国位于鲁国之西，当时都于帝丘（河南濮阳）。历史上卫国曾是拥有“带甲之士八万”的强国，但进入春秋，也是每况愈下。卫灵公在位时，由于用人得当，政局稳定，民物殷阜，倒还有点太平景象。孔子一踏入卫国领土，便被那里熙熙攘攘的人群吸引住了，就此阐发了一番“庶、富、教”的政治理论。《论语》记载：子适卫，冉有仆。子曰：“庶矣哉!”冉有曰：“既庶矣，又何加焉?”曰：“富之。”曰：“既富矣，又何加焉?”曰：“教之。”（《子路》）可是卫灵公却没有为孔子提供大展拳脚的机会。孔子重礼轻刑，他却问战争之事；孔子轻视女人，他那妖冶淫荡的南后却召见孔子；特别让孔子难受的是灵公与南后坐首车，让孔子乘次车，招摇过市。孔子对卫灵公也只有失望，于是再申“吾未见好德如好色”之叹。但相比之下，在孔子访问的大小国君中，卫灵公对孔子最好，因此，当孔子在别国不利时，总是回到卫国。卫国算是给孔子温暖最多的国家，他在那里几进几出，待的时间也最长。

除卫国外，孔子一行路过匡城时，因为被误认为是曾经骚扰过匡地的阳虎一伙，被人围困了五日。阳虎曾侵略匡人，孔子又长得有些像他，李代桃僵，真是哭笑不得。孔子刚从匡邑解围出来，到了蒲邑，又被蒲人围住，幸好弟子力战，杀出条血路才脱离险境。孔子又去曹，曹国不容；遂往宋，刚在一棵树下演礼，宋国权臣桓魋便因从前孔

子批评过他，赶来把树拔倒，表示不欢迎。孔子匆匆跑到郑国，弟子逃散，行李散落，他独自一人立于东门之外。子贡四处打听，有人说，东门外有个人，两腮像尧，脖子像皋陶，肩膀像子产，腰以下像禹。然而更像落拓潦倒的丧家之犬。言下之意，是说孔子以古贤圣人标榜，却无人赏识，落得个丧家之犬的下场。孔子又到陈国，无奈陈国国小力弱，正被吴、楚等大国侵凌分割。孔子的学说只适合在和平时期讲讲礼让，摆摆礼容，通过教育来激发人们的向善好仁之心，对这个金戈铁马的场面却无能为力。因此，他给此行立下的信条是："危邦不入，乱邦莫居。"（《泰伯》）这个风雨飘摇的陈国，当然不是久留之地，他遂向蔡国进发。刚到陈蔡之间，孔子又被一伙人围了起来，一连七日，粮草罄尽，从者大病，莫能兴起。最后得楚昭王帮助，才脱离困境。楚昭王召请孔子，欲以书社之地封孔子，还没让孔子一行高兴一下，便因令尹子西的反对而搁浅了。孔子只得离开楚国，最后孔子又来到卫国。这一次，他在卫国住得比较久。虽然他本人因不满蒯聩与卫出公二人不遵父子之道，拒绝当官，但他的弟子则有的在卫国身居高位，有的回鲁国做了大官。年迈的孔子身居异乡，越来越想念自己的祖国。在卫国居住五年之后，他终于回到阔别十四年之久的故土。

为了实现自己的政治理想，为了传播自己的思想，孔子就像一个执著的旅行团团长，带着以子路、颜回、冉有等众弟子组成的一个“旅行团”，义无反顾地踏上了周游列国的旅程，而这一趟旅程几乎是前无古人后无来者的。因为，他这一走就是十四年，而且，在这个漫长的文化苦旅中，他体验山水、感悟人生，顽强地一个国家一个国家地游走，一次又一次地传播着自己的政治主张，虽然四处碰壁，但是愈挫愈勇，百折不挠。孔子之所以能取得如此巨大的成就，与其长达十四年的“周游列国”是密不可分的，他的绝大多数思想都是在旅途中形成的。他在这个过程中完成了对人生的思考，提炼了自己的思想，形成了自己的智慧。

秦汉时期的教育

公元前221年，秦消灭了齐国，最终统一六国，建立了统一的封建王朝——秦朝。秦朝开启了我国封建社会的序幕，中国社会开始走向专制主义的封建制。秦统一六国后，开始废分封制为郡县制，建立了全国统一的行政制度。秦始皇把全国分为三十六郡，郡设置守、尉、监等官吏，建立了地主佃耕制度。这种制度在建立初期大大刺激了秦代农业的发展，大大解放了生产力。在秦始皇统治时期，冶铁事业较为兴旺，铁质武器、农具被普遍使用。在统一全国政治制度的同时，秦始皇还建立了全国统一的经济制度，推动商品经济的发展。秦始皇在全国推行税同率、币同值、车同轨、度同长短、量同大小、衡同轻重等度量衡统一制度，打破了地域对商业经济的限制，带动了我国商业的空前繁荣和迅速发展。与此同时，秦始皇还采纳了李斯、韩非子等人的建议，酝酿在文化教育领域内实行统一制度，采取了新的文教统一政策，深刻影响了我国后世的教育。

一、秦朝的教育专制制度

秦朝开启了我国封建社会教育专制制度，实现了全国教育活动的空前统一。秦朝的教育统一政策既有利于民族文化内部的交流与融合，又给中国学术文化教育的繁荣设置了障碍。

（一）秦朝文教政策的确立

为了建立一个高度统一的封建主义国家，秦始皇在文化教育方面采取了一系列新的政策与举措，对中国社会的发展产生了深远的影响。

1. 统一文字，为全国政令推行提供基础

文字改革是秦朝统一文教政策的基点，其主要内容是推行共同文字、促进共同文化的形成，这就是历史上所说的"书同文"。战国时期，由于各诸侯国地理条件和文化传统不同，所用文字五花八门，甚至在同一诸侯国内也往往是几种文字杂相使用，造成了人们交流的不便。在当时，占主流的文字形式是古、籀、篆三种字体，属于文字发展时期出现的不同文字形态。在同一历史阶段内新、旧文字同时并存，杂糅使用，阻碍着人们的正常交流，影响着秦朝统一政令的施行和政权的巩固。因此，统一六国后，推进文字的简化和字形的统一是大势所趋。在秦以前，周朝使用的文字称大篆，字形复杂，不易书写。战国时期，齐鲁地方通行一种简易的字体，这就是古文。秦统一后，李斯在对大篆和古文两种字体加以改造的基础上形成了笔画简单易写的小篆，也称秦篆。在此基础上，狱吏程邈又依据小篆再简化而创造的字体——隶书成为以后通行的楷书的前身。秦朝着力推行的字体是小篆，并使之成为政令公文的统一书写字体。这一工作的开展，有利于秦朝中央集权制度的巩固。

2. 统一民俗，实行“行同伦”政策

行同伦是秦朝在统一民俗方面采取的主要举措。为了防止六国世袭贵族复辟，引发割据，秦始皇对各地的民风习俗进行了限制，以期从思想上规范人民，这就是“行同伦，黜异俗”。为此，秦始皇曾五次出巡，以此宣扬其统一思想，从行为举止上规范民众，使民众行为方式走向统一。秦始皇统一思想，匡正民俗的目的不仅是要改变原来六国贵族形成的不同民俗、道德和思想，而且还要教化百姓，统一思想和认识，使百姓在意识形态上服从秦朝的统治。据传，秦始皇第五次巡行时特意在会稽山祭祀大禹，刻石碑以颂秦德。另外，他还对男女节操方面提出严格的要求，如严行男女内外之别，禁止淫乱行为，倡导男女之间必须纯洁真诚。行同伦推行融汇了各民族的风俗习惯，对增进中华民族的民族认同感发挥了重要作用。

3. 设三老，掌管教化

秦始皇还试图从中央层面来加速全国文化教育的统一，

他特意在中央设置了“三老”，专司教化工作，负责向民众宣教统治当局的法度、纲纪和伦理道德行为规范，表彰贤德之行，劝诫不良习俗，推进行同伦，进而掌握了国家的教育权。

4. 禁私学，以法为教

从商鞅变法开始，秦朝实行废黜百家的政策，禁止一切让人产生二心的私学，推行法家政治，以法治取代礼治，独尊法治。韩非子把私学统统称为“二心私学”，认为私学同国家政府不是一条心，是不遵守法令而自作主张的。他认为，二心私学有碍于法令的推动，必须严行禁绝。他甚至认为，办私学者，好为食客不为仕官，他们住在岩洞地穴里，深思计谋，大者诋毁当今，小者欺骗百姓。这些人一再聚徒讲学，传播自己的“杂学”，完全和现行的法令相抵触，甚至造成“群臣为学，门子好辩”的局面，不利于国家思想统一。

5. 以吏为师，禁止游宦

吏师制度是秦始皇统治时期重要的政治和教育决策，是法治独尊思想的集中体现。为此，秦朝颁布了一系列统一的文教政策，加强了对人民的法治教育、耕战教育、尊卑贵贱教育。秦始皇还采纳了一项极端专制的措施——禁止游宦，即禁止学者通过游说、游学的形式宣扬自己的政治主张，以达到步入仕途的目的。同时，秦王朝还取缔了人们流动、迁徙、集会、会盟、结社、讲学、言论等方面的自由，禁止学

术交流活动，让士人回到彼此信息不沟通的封闭环境中去，以保持思想的高度统一。

（二）焚书坑儒

焚书坑儒事件是秦王朝绞杀文化异端、压制文化流派、禁止异端邪说、实现全国思想统一的重要事件，是秦王朝新文教政策的重要体现。该事件发生于公元前213年到公元前212年间。当时，博士齐国人淳于越反对当时实行的“郡县制”，要求根据古制，分封子弟，而这一想法遭到了丞相李斯的反对。李斯主张，国家应该禁止百姓以古非今，以私学诽谤朝政的行为。秦始皇采纳了李斯的建议，下令焚烧《秦记》以外所有的列国史记，对不属于博士馆的私藏《诗》《书》等书籍限期交出烧毁。同时下令，敢谈论《诗》《书》的人统统处死。这就是“焚书”事件。第二年，术士侯生和卢生暗地里诽谤秦始皇。秦始皇得知此事后非常生气，就派御史调查、审理此案，抓获到其他犯禁者四百六十余人，秦始皇下令全部坑杀。这就是“坑儒”，两件事合称“焚书坑儒”。秦始皇焚书坑儒的直接目的在于宣传以法为治，禁止异端邪说的政策。这种以焚杀的办法来禁止学术异端、百家争鸣的做法显然是十分愚蠢的，也无法达到预期的目的。相反，它是中国古代文化史上的一次极大的破坏和浩劫，应该受到世人的谴责。秦始皇的文化专制主义，不仅给中国文化带来十分严重的恶果，而且直接加速了秦朝本身的灭亡，并未达到真正意义上的统一思想的目的。

二、汉代教育的新发展

汉朝继秦朝之后出现，它分为“西汉”（公元前202年—公元9年）和“东汉”（公元25年—公元220年）两个历史时期。西汉为汉高祖刘邦所建立，定都长安；而东汉为汉光武帝刘秀所建立，定都洛阳。其间，王莽曾篡权自立为王，时间短暂，约公元9年到公元23年。在汉朝时期，张骞出使西域，开辟了著名的“丝绸之路”，打通了东西方贸易的通道，中国从此成为世界贸易的中心。西汉是我国封建社会初期一个强盛、富饶的朝代，它继承和巩固了秦朝开始的统一国家，经济繁荣、国力强盛，呈现出一派太平盛世的景象。自秦始皇统一中国后，中华民族各地间的文化相互渗透融合。到西汉时期，我国大部分地区在典章制度、语言文字、文化教育、风俗习惯等多方面都逐渐趋于统一，形成了共同的汉文化，中华地区在各族基础上形成了统一的汉民族。

在政治体制上，汉朝实行三公九卿制，丞相、太尉、御史大夫称三公，丞相管行政，是文官首长；太尉管军事，是武官首长；御史大夫掌监察，辅助丞相掌管政治事务。九卿分别是太常（掌祭祀鬼神）、光禄勋（掌门房）、卫尉（掌卫兵）、太仆（掌车马）、廷尉（掌法律）、大鸿胪（掌礼宾）、

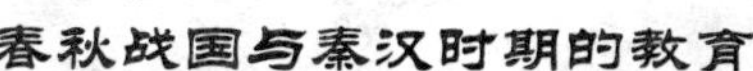

宗正（掌皇帝族谱）、大司农（掌全国经济）、少府（掌皇室财政）。在选仕制度上，汉朝实行察举制，以地方推荐为主，考试为辅，考试与推荐相辅而行。人材推荐过后还要经过考试复核，复核合格后才能量才录用。无论是诏举贤良方正，还是岁举孝廉、茂才，均需经过中央复试。汉武帝时期，中央政府设置了太学，专门培养才学之士。在经济上，汉朝仍旧采取土地私有，可以自由买卖，土地所有者需向国家缴纳耕地税，耕地税率约为亩产的十五分之一或三十分之一。西汉早期，实行重农抑商政策，恢复了农业生产，经济实力日益雄厚。

汉朝的科技与文化发达，国家非常重视教育和知识。东汉桓帝时，全国有太学生约三万人。在史学方面，司马迁的《史记》是中国第一部纪传体通史，也是二十四史中的第一部；班固所编写的《汉书》分为十二纪、八表、十志、七十列传，成为中国历史上第一部内容完整的断代史。汉朝开始，官府开始设立乐府，专门从事民间诗歌搜集活动，后世的《乐府诗集》《古诗十九首》《玉台新咏》中便搜集了不少汉代乐府诗。同时，赋成为一种新的文学体裁，司马相如的《子虚赋》《上林赋》等均为千古传颂的文学名篇。

在汉朝，文化教育事业进入了新发展时期，这些新发展集中体现在以下三个方面：

（一）罢黜百家，独尊儒术

汉朝初期，在政治上主张无为而治的道家治国理念；经济上实行轻徭薄赋，鼓励农业经济不断恢复；在思想上，主张清静无为的黄老学说受到统治者的重视。汉武帝即位后，在政治上和经济上进一步强化专制主义已成为封建统治者的迫切需要，罢黜百家、独尊儒术的治国理念由此拉开帷幕。

黄老学派主张清静无为、休养生息的政策难以满足当时的政治需要，加之汉武帝好大喜功，对道家治国理念难以看重。而儒家的大一统思想、仁义思想和君臣伦理观念深受汉武帝喜爱，因此在思想领域将儒家治国理念取代道家的统治地位成为大势所趋。建元元年，武帝继位后，丞相卫绾上奏建议，请求罢免信奉法家思想的官吏，得到了汉武帝的应允。随后，太尉窦婴、丞相田蚡推举儒生王臧为郎中令，赵绾为御史大夫，褒扬儒术、贬斥道家，鼓动武帝实行政治改革。建元六年，窦太后死，儒家势力开始崛起。元光元年，汉武帝召集各地贤良方正文学之士到长安，亲自策问考选。董仲舒在《举贤良对策》中指出：大一统是“天地之常经，古今之通谊”，而百家之言宗旨各不相同，使统治思想不一致，法治难以实施，政令难以统一，致使全国上下无所适从。因此，他提议：“诸不在六艺之科孔子之术者，皆绝其道，勿使并进。”这就是独尊儒术的文教政策。该政策受到了汉武帝的赏识。随之，儒术治国成为我国封建王朝的统治思想，

其他各家，如道家、法家等治国学说均在政治上受到了排斥和贬黜。

为了将这一文教政策付诸实践，汉武帝采纳了董仲舒的三条建议——“推明孔氏，抑百家”“兴太学以养士”“重视选举，任贤使能”。汉武帝在中央官学中立五经博士，诸子百家的博士不置而废；大力兴办太学，专门学习儒家经典；确立了察举制，选拔人才，将高官厚禄送给精通儒学的人。至此，儒学独尊的局面彻底形成。

罢黜百家、独尊儒术政策的实施，确立了儒家思想在中国传统文化中的正统与主导地位，使得专制“大一统”的思想作为一种主流意识形态在封建社会中被定型。内圣外王、刚柔相济、人治社会的政治理想作为一种执政理念被初步确立。董仲舒等人推崇的儒术并非原初意义上的孔孟儒学，而是在吸收了法家、道家、阴阳家等各种不同学派思想基础上形成的一种新儒学，它与刑名法术相糅合，实现了儒法互补的“霸王道杂之”的统治手段，形成了一套全新的、更具生命力的儒家治国理念。

从汉朝的统治者角度来看，儒家在如何治民的问题上有许多优势：其一，它便于形成以宗法制度和宗法思想驾驭天下的治国理念，有利于加强君权和皇权，巩固统治基础；其二，儒家崇尚的是仁政治国思想，有利于缓和社会矛盾，实现统治阶级与被统治阶级之间的和平共处；其三，儒学以天道人情教化民众，有利于笼络民心、统一思想，实现社会上下的高度统一。因此，儒学取代道家学说具有其内在合理性，它的实行使封建社会的统治思想实现了继秦朝以来的第二次统一与历史性转变，并成为整个社会坚实的思想基础。这一政策的推行，有利于增强民族之间的凝聚力与亲和力，有利于社会的稳定与思想的统一，从而形成了一种在当时而言最为有效的统治理念。试想，在百家争鸣的时代，人人都各有一套理论，人人各执一端，都认为自己是对的，都反对其他学派的治国理念，必将不利于统治者的统治。可以说，在当时，“罢黜百家、独尊儒术”是唯一合理的治国之道。

然而，儒术独尊地位的取得也暴露出汉代统治的一些弊端。首先，它将专制集权统治推向了登峰造极的地步，这种专制制度深深嵌入了人们的心灵与思想，约束着人的自由思想，无形中给人们套上了一种思想枷锁。同时，“罢黜百家、独尊儒术”的政策违背了学术发展的规律。百家争鸣、百花齐放、包容互通、相互交流是学术繁荣的必经之道，是学术发展的内在规律。独尊一家，抑制百家，让学术发展孤军独行，其发展道路会越走越窄，最终会导致学术文化事业整体的没落与倒退。因此，可以说，“罢黜百家、独尊儒术”是汉武帝文化专制政策的集中体现，它束缚了文人士人的头脑，不利于学术文化事业的整体推进。

（二）汉代太学的发展

设立太学、崇尚儒学是汉代文教政策的重要内容之一。根据董仲舒的建议，汉武帝在长安开办了全国最高教育机构——太学。最初太学中只设五经博士，置博士弟子共五十名。从武帝到新莽时期，太学中设置的科目及人数逐渐增多，开设了包括《易经》《诗经》《尚书》《礼记》《公羊传》《谷梁传》《左传》《周官》《尔雅》在内的各类课程。

太学的规模在汉朝得到了极大的发展。汉元帝时期，太学的博士弟子达到了上千人，汉成帝时增加到了三千人。王莽秉政，为了树立自己的声望，笼络广大的儒生，在长安城南兴建辟雍、明堂，又为学者筑舍万间。此时，博士弟子竟达一万余人，太学规模之大，是前所未有的。武帝到王莽，还岁课博士弟子，入选的可补官。到了东汉建武五年，汉光武帝刘秀在洛阳城东南的开阳门外兴建太学。之后，汉明帝刘庄还到太学行礼讲经。汉顺帝永建元年，对太学进行了重修和扩建，费一年时间，用工徒十一万二千人，建成两百四十房，一千八百五十室。其后，太学生人数多至三万人。两汉时期，太学在培养人才和促进文化发展等方面都起到了重要的作用。

再看太学的学习生活与管理情况。太学是培养封建统治管理人才的重要机构，太学中的学生——太学生是汉朝悉心培养的官僚阶层的后备军，其素质的高低直接关系到两汉国家的发展，故两汉在选拔学生入太学时都非常慎重，有明确的资格规定。为了保证太学生安心学习，汉朝对入太学学习的学生给予免除徭役的优厚待遇。同时，为了保证培养质量，两汉都制定了较完备的考试制度，通过者方可授官，量才录用。太学生们深知通经即可入仕为官，因此在学校学习期间大都较为刻苦，致力于经学的钻研与研习，且洁身自好、志操清励。学习生活之余，太学生积极参与国家政治生活，“清议”朝政、联络官僚士大夫，共同反对宦官集团，推进国家统治的清明。在两汉时期，国家制定了以“四科取士”为标准的选举制度，尽管人人都有资格通过选举取得官职，但能达到“四科取士”标准的人非常少，要达到这一标准必须经过一定的培养和训练。因此，大部分太学生学毕归乡，一无所获。在太学的管理中，任一机构的设置都不能脱离国家的管理之外，都要由国家统一管理。国家不仅专门设置了管理太学的机构，同时也针对具体问题制定了具体的管理措施。从管理机构方面来看，太学由太常直接管理，其后勤保障由大司农和将作大匠来完成。从管理措施来看，太学通过确立学籍和制定请假制度对太学生进行严格管理，使其专事学业、不得分心。

（三）汉代的察举制

汉代的察举制源自西周的选士制度，“乡举里选”是其表现形式。在西周，乡里选出的人才被称为“秀士”，报送

主管社会教化司徒者叫做“选士”，司徒从中选拔优秀者送入国学者被称为“造士”，主管国学的大乐正从中选拔优秀者，再推荐给主管任用官吏的司马的人被称为“进士”。司马再对之进行做官才能的考核，然后将结论报给天子审定，最后按照考核等次授以官爵。在汉代，随着官僚组织体系的建立，统治者需要大量官吏。根据董仲舒的建议，为了把有才能的儒学人才选聘到相应岗位上来，汉代建立和形成了一套相对科学的选士制度，这就是察举制，其主要做法是由地方（也包括中央各部门）长官负责考察、举荐和选送人才，供朝廷录用为官。

察举制始于汉高祖十一年。次年，汉高祖下诏求取“贤者智能”之士，察举制初具端倪。汉文帝二年和十五年，统治者又两次下诏举贤良方正能直言极谏者。这几次选士活动都具有偶然性，还未达到制度化的程度，故不算是察举制的确立。汉武帝即位后，曾多次诏举贤良方正者为官，董仲舒从中脱颖而出，并向汉武帝建议建立制度化的选士制度，得到汉武帝的采纳。元光元年冬，汉武帝诏令郡国举孝廉各一人，将之确定为定期、定额的选士科目，察举取士逐渐实现了选士制度的制度化，标志着察举制的真正诞生。汉武帝对察举制的贡献很大，主要体现在三个方面：其一，他对察举人才的标准做出了明确的规定：凡儒家以外的各家均不得举，建立了以儒术取士的标准，儒学被置于独尊地位；其二是将选士标准确定为四方面内容，即德行、学问、法令、谋略；其三是将察举分为岁举和诏举两类，其中岁举为常科，每年推举，科目主要有孝廉和秀才，孝廉开始分为孝与廉两科，后来合称为一科。

从科目来看，汉代察举制分常科和特科两种。其中，常科中最主要的是孝廉科，其初衷是选拔德行优良之士。在汉朝察举制创立初期规定：每郡每年举孝廉二人。到了东汉和帝时名额有所扩大，规定郡国按平均每二十万人口每年荐举一名，不足二十万人口的郡隔年荐举一名，不足十万人口的郡隔两年荐举一名。荐举上来的孝廉人士，初期朝廷不再考核，一般就按序委任，如果发现举人不当，要追究荐举者的责任。特科又称诏举，不一定每年都进行。

察举特科中最制度化的科目是贤良方正，该科始于文帝二年。它一般是在遇到“灾异”或国家有重大问题需要探讨时，国家下诏让各地荐举贤良方正之士，甚至已经做官的人也可以被荐举为贤良方正。由皇帝亲自策问，让他们对一些问题进行分析、发表对策、提出建议。如果皇帝中意，考生马上就可以被任官或升官，故贤良方正在察举中的地位最高。另外，两汉察举的其他特科还有：秀才科、明经科、明法科、童子科等。

从考试方法来看，在汉代无论岁举孝廉、秀才还是诏举贤良，都要经过中央一级的考试。考试办法有对策（命题考

试）和射策（抽签考试）两种。其中，对策多用于考试举士，射策多用于考试博士弟子。汉朝规定：凡属诏令推举之士一般是由天子测试，郡国岁举之孝廉、秀才则由三公府考试。从考试内容来看，儒生考经学，官吏考举奏，通过考试选出优等生，报皇帝录用。察举制创立初期，它充分体现了选贤任能的原则，也的确选拔出了不少济世之才，极大地促进了讲习儒经的社会风气和各类教育的发展。“遗子黄金满籯，不如一经”，正是察举制的积极体现。察举制重视人才的品行才绩，不拘一格选拔人才，并且建立了严格的察举法规，有利于社会统治基础的扩大。但察举的关键是推荐，而举荐权则掌握在主管官吏的手中，这就造成朝廷用人大权的旁落。显然，主管官员考察人才难免会有局限性，也难免会出现谋取私利、弄虚作假、钻营行贿现象，进而难以保证选士制度的客观性和公正性。因此，在汉朝末期，随着政治的日益腐败，察举不实的现象渐趋严重。到东汉晚期，“举秀才不知书，察孝廉父别居，寒素清白浊如泥，高第良将怯如鸡”，正是对当时察举制缺陷的生动记载。至此，察举制逐渐蜕变为豪强或官吏安插私人、体现特权的工具，完全失去了网罗人才、巩固统治基础的作用。

三、董仲舒的教育思想

董仲舒是西汉时期最为著名的思想家、儒学家之一，是唯心主义学派的哲学家和今文经学大师。公元前134年，汉武帝下求贤诏征求治国方略之士，儒生董仲舒在著名的《举贤良对策》中系统地提出了“天人感应”“大一统”学说和“罢黜百家、独尊儒术”的主张，深得汉武帝赏识。之后，汉武帝采纳了董仲舒的建议，儒学由此开始成为官方哲学。董仲舒以“天人感应”理论为基础，主张“大一统”的学术文化思想。他以《公羊春秋》为依据，将周朝以来的宗教天道观和阴阳、五行学说结合起来，吸收了法家、道家、阴阳家思想，形成了一个相对完备的理论体系，并使之上升为汉代的官方政治哲学，为统治者提供了封建统治的重要理论基础。董仲舒的主要思想汇集在《春秋繁露》一书中，《对贤良策》集中体现了其教育思想。

（一）董仲舒的文教管理思想

在《举贤良对策》中，董仲舒系统阐发了他的文教管理思想，为封建统治提出了基本管理方略，他的三大理念和对策是：兴办学校、广教化、育贤才；开选举、拔贤才；尊儒术、统一思想。

在第一条对策中董仲舒提出：推行教化的首要条件是兴办学校，正所谓“立太学以教于国，设庠序以化于邑”，其重点是办好太学。兴办太学的任务有两个：其一是养士育才，即“夫不素养士而欲求贤，辟犹不琢玉而求文采也”；其二是推广教化，即“渐民以仁，摩民以义，节民以礼”。董仲

舒建议统治者设立太学，配置名师，把天下人才集中起来进行培养，供统治者随时选用。“兴太学，置明师，以养天下之士，数考问以尽其材，则英俊宜可得矣。”

在第二条对策中董仲舒要求统治者尚贤使能，任用有才德的贤良人士。他反对任用官员的“任子”制和官员论资排辈的擢升制度，并要求建立常规化的选拔贤才的制度，即后来的察举制。按照他的想法，统治者应“使诸侯郡守二千石，各择其吏民之贤者，岁贡各二人，以给宿卫，且以观大臣之能、所贡贤者有赏，所贡不贤者有罚”。

在第三条对策中董仲舒建议：统治者应该独尊儒术，以期实现统一思想的目的。他认为，确立正确的、统一的指导思想是治国的根本方略。汉初尽管废除了秦代苛法，但由于推崇黄老无为之术，导致社会主流意识形态难以形成，产生了“师异道，人异论，百家殊方，指意不同”的思想混乱局面。这是很不利于中央集权的专制统治的。鉴于此，董仲舒建议推行儒学独尊的思想，要求实行思想专制，进而达到以儒学统一思想的目的。

（二）重视教育对人性塑造的功能

董仲舒从对人性问题的讨论来开始对教育功能的阐述。在人性论问题上，他认为人性既可能是善的，又可能是恶的，人有贪仁二性，其中兼有善恶的双重要素与可能。但是，人性中善的成分不是天然的，必须通过人为的教育，才能使这种善端彰显出来。正如其所言，“今万民之性，待外教然后能为善。”因此，人性需要教育，“性如茧如卵。卵待复而为雏。茧待缫而为丝，性待教而为善。”可见，教育的功能就在于弘扬人的善性、善端，教化民众“为善”是上天赋予帝王的责任。

在此基础上，董仲舒提出了“性三品”说。他认为，人性可以划分为三品，即“圣人之性”“中民之性”“斗筲之性”。其中，“圣人之性”是天生的“过善”之性，这种“过善”之性的人，只有封建帝王以及周公、孔子一类的圣人才具有，其先天就是超越于常人的；下品的人性是“斗筲之性”，它是“诸斗筲之民”或“小人”生而俱来的“禽兽之性”，这是一种恶性。而一般人是“中民之性”。这种人性中“有善质而未能善”，只有通过王者的教化才能使之成“善”。这部分人是社会统治赖以存在的支柱，是教育活动的主要对象。

（三）强调教育对社会改造的作用

董仲舒从阴阳五行学说出发，提出了“王任德教而不任刑罚”的治国方针，把德治作为封建统治的基础。他认为，教育能够化民成俗，有效地预防犯罪，实现社会的繁荣。董仲舒认为，国家的治乱兴废都与礼乐教化的昌盛有直接关系，“德教”是封建统治的根本策略，教化万民是社会安宁的重要条件。推行“三纲五常”教育，达到“变民风，化民俗，正万民”的目的，是王者的治国方略。

（四）推行“三纲五常”的道德教育思想

在道德教育上，董仲舒要求社会推行以“三纲五常”为主旨的道德教育。董仲舒把孔孟的道德教育内容进一步系统化为“三纲五常”。“三纲”是“君为臣纲，父为子纲，夫为妻纲”；“五常”是“仁、义、礼、智、信”。董仲舒“三纲五常”的道德教育观念，为封建统治者提供了束缚人民的精神枷锁，影响深远。

董仲舒还提出了一系列有效的德育方法，如宽以待人、严于律己，“躬自厚而薄责于人”；兼顾仁与智的方法，实现德育与智育相结合，克服“仁而不智”与“智而不仁”的片面性；处理好义利关系，“正其谊不谋其利，明其道不计其功”，倡导“正义明道”；强调道德行为，“强勉行道”，把道德的理与行结合起来。

（五）行之有效的教学理论与方法

董仲舒认为，知识来源是“内视反听”，是内心反省，“内视反听”是达到“明善心以反道”境界的基本途径。在教学内容上，儒家经典——《诗》《书》《礼》《乐》《易》《春秋》六经是教学的教材；在教学方法上，主张“强勉学问”，刻苦钻研、专一虚静、专心一致，认为湛思审微、学思研结合是值得倡导的教学方法。这些教学方法至今仍旧影响着世人的学习活动。

在教学中，教师是一个重要因素，重视教师的作用是董仲舒教育思想的重要内容。他要求教师应该是“明师”，是学识渊博、了解学生的人。教师自身要“善为师”，要具有高水平的教育教学能力，甚至达到“圣化”的境界。教师要以身作则，对学生的教育要适时、适量、适度，注意根据学生的才能特长进行因势利导。

四、教育故事集锦

董仲舒是汉王朝教育政策的奠基者，他一生博学广识，视野开阔，颇受统治者赏识。董仲舒受宠于汉武帝后被授予高官，辅助汉武帝的统治。下面是董仲舒在生活中的一件小事。

董仲舒引经断案

建元元年，登基不久的汉武帝力图重振天威，开始在国内广招贤达之士，寻找治世之能臣。三十九岁的经学家董仲舒入朝应考，针对汉武帝提出的问题，他从容地一一解答，特别是极力推崇的“罢黜百家、独尊儒术”“大一统”思想符合了汉武帝登基之初对抗道家统治、建立宏图伟业的心愿，而得到赞许。

董仲舒出生在一个学术自由、思想混杂的时代，从小

受多种思想的熏陶，这种环境为勤奋好学的他提供了时代条件和思想条件，这与其后来形成多内涵的思想体系不无关系。董仲舒一生对孔子研究较多，他认为孔子是继尧、周文王之后的古代第三位圣贤，其学说为封建统治者治理国家、管理人民提供了理论支持。因此在任职博士、江都易王、胶西王刘端国相期间，他都以《公羊春秋》为评价当朝政治得失、论证人伦社会、思考历史哲学的重要依据。

当时有位女子的丈夫出远门，渡海时入海淹死，尸体没有找到。许久，女子父母为其另找一门亲事，将其嫁了出去。按当时法律，丈夫未入殓，妻子不能改嫁。官府为此将女子抓入牢房，判了死刑。董仲舒得知此事，认为判刑有待商榷。他引经据典，指出《春秋》有言，女人在丈夫死后就可以再嫁。而且那年轻女子并非德行不端、品质恶劣之徒，也并非做出违背人伦之事，而是遵从高堂之意改嫁他人，从这方面来说是行孝的表现，这与大汉以孝治天下并无半点违背，更没有违反《春秋》中的原则，因此不能将其判罪。

另一个案例是：父子俩与别人发生争执，扭打起来。在纠缠摔打过程中，对方拔出佩刀要刺杀父亲，儿子见状，立即拿起棍子援救父亲。不料在混乱中，未把对方击中，却将其父亲打伤。根据汉朝律例，儿子打伤父亲，视为以下犯上，可治不孝之罪，要判重刑。

董仲舒得知此事后，便以《春秋》中孝子许止照顾重病卧榻的父亲时，由于许止的失误而使父亲服错药丧命一事为例，指出因为许止并无杀父动机，而是一片拳拳孝心之当时律例并未判处许止罪行。他认为，这两个案子情况相仿，儿子是在混乱中误伤了父亲，并无打伤父亲的动机，因此应该免除罪行。

由此可见，董仲舒在审案判案中，是依照《春秋》行事。他提倡礼治，主张宽民教民，强调应该用道德的力量去感化民众，以天子的德治教化万民，造福百姓。他认为礼治高于法治。他进一步指出：用刑法治百姓，百姓们因为害怕惩罚而不敢犯罪，但内心的根子没有去除；用礼治百姓，百姓们觉得犯罪可耻，从心底明白不能去犯罪。这在一定程度上是法家、道家和儒家思想的结合和发展。

董仲舒的这种思想符合统治者德顺万民、治国安邦的统治需要，因此得到了汉武帝的支持。因此，在他辞职赋闲居家后，朝廷每有大议，还会令使者及廷尉到其家而问之，备受武帝尊重。

第三章 鼎盛：魏晋南北朝与隋唐时期的教育

到了魏晋时期，中国古代教育走上了一个时兴时废的特殊阶段，玄学盛行，统治者忙于战乱、无暇顾及教育，官学时修时毁，教育制度在断断续续中延续。这种时代为教育思想的自由发展提供了空间，私学得到了一定的发展。魏晋教育的破败为隋唐教育的勃兴提供了需要和动力，隋唐时期把中国古代的等级性教育制度推向了顶峰，尤其是学校教育制度的完善与科举制度的形成几乎影响了整个中国封建社会教育的框架与形貌。从某种意义上说，隋唐时期教育代表了中国古代的教育形态，是具有重要历史意义的一个教育发展阶段。

到了魏晋南北朝时期，中国古代教育走上了一个时兴时废的特殊阶段，这期间玄学盛行，统治者忙于战乱、无暇顾及教育，官学时修时毁，教育制度在断断续续中延续。这样的时代为教育思想的自由发展提供了空间，私学得到了一定的发展。魏晋南北朝时期教育的破败为隋唐教育的勃兴提供了需要和动力。隋唐时期，中国古代的等级性教育制度走向了顶峰，尤其是学校教育制度的完善与科举制度的形成几乎影响了整个中国封建社会教育的框架与形貌。从某种意义上说，隋唐时期教育代表了中国古代的主要教育形态，是具有重要历史意义的一个教育发展阶段。

魏晋南北朝时期的教育

东汉中平六年初春，汉灵帝驾崩，由此导致了东汉外戚与宦官矛盾的爆发。各地军阀借此机会争取领地、相互

割据，揭开了中国历史上近四百年分裂割据的序幕。

汉献帝元康元年，在曹操统一北方的基础上，其子曹丕以“禅让”的方式建立魏国。公元221年、公元222年，刘备、孙权相继在西南、江东称帝，合称三国。三国鼎立的局面持续了六十年。晋泰始元年，河内大族司马炎代魏立晋后，于晋太康元年灭吴，实现了短期统一。但由于西晋统治者内部的腐朽与倾轧，激化了内部民族矛盾，晋建兴四年，洛阳被攻破，西晋灭亡。晋皇室东渡，于建康重建政权，史称东晋。此后在北方和长江上游出现了所谓“五胡十六国”，历经北魏统一的北方，随后又出现了东魏、西魏和北齐、北周的分裂；而南方继东晋之后，也出现了宋、齐、梁、陈四个前后交替的王朝，史称南北朝。因此，魏晋南北朝是中国历史上政权更迭最频繁的一个时期。长期的封建割据、连绵不断的战争，使这一时期文化的发展受到了很大的影响。该时期始于汉魏，曹操雄踞北方，在思想理论上推崇道法结合的刑名之学；魏晋时期，道法由结合逐渐走向破裂，以道家思想为骨架的玄学思潮流行，批评、排挤儒法学派；西晋后期，玄学思想走上极端化的发展道路，开始不利于封建政权的巩固，对道家和玄学的批判日益高涨；东晋时期，佛教开始流行，它借助了道家、玄学的思想与方法，进而出现了玄佛合流的趋向。在复杂的形势下，儒学极力维持其正统地位，但没有足够的理论系统和创造性，显得非常乏力。总之，玄学的兴起，佛教的输入，道教的勃兴，波斯、希腊文化的传入，儒学的极力抗争是影响本时期教育活动的重要因素。

一、教育制度改革的波浪式推进

（一）不稳定的文教政策

魏晋南北朝时期，社会变动对教育产生了巨大的影响。分裂时期，战争连绵、选举混乱的局面深刻影响着统治阶级的教育政策，影响着教育活动的健康发展。从文教政策方面来看，该时期很少有系统、清晰的文教政策出现，这使得这一时期的文教政策有了一些新特点：

首先，统治者由于忙于纷争，无暇顾及教育，对学校教育关心不够，学校时兴时废便是该时期教育的显著特点之一。魏文帝黄初五年于洛阳建立太学，但太学校舍到处是灰土，以致难以在短期内清理干净。刘备定都蜀地后才设立太学，但建国后很长时期内都没有设立五经博士。到了西晋，晋武帝非常重视教育，一度曾出现了教育繁荣的景象，但时间太短。在东晋，国学每临战乱即解体，反反复复达三次。在南朝，朝代更替频繁，内外矛盾激烈，学校教育难以继续。到了十六国和北朝时期，学校教育与汉化教育联系在一起，统治者对教育较为重视，但依然是时兴时废，兴时短、废时长，完整、系统的教育体系难以形成。

其次，玄学化是本时期文教政策的另一特点。在该时期，儒学受到排挤，玄学兴起，成为封建社会文教政策的新基点。尽管魏、蜀、吴三国都注重儒家经学，没有玄学化，固守传统，但这都是暂时现象。而在南方，儒学与道佛结合得较为紧密，玄学之风影响非常广泛，在学校教育中占有重要地位。

第三，察举制度走向衰落，士子求学热情不那么强烈。在该时期，封建门阀世族在政治上占据主导地位，根据血统他们就可以占据高位，而寒门庶族即使品学兼优、才智过人，也只能列入下品。在这种情况下，察举制度名存实亡，挫伤了士人的求学热情。

（二）魏晋南北朝时期教育的特点

魏晋南北朝的教育是中国古代教育发展中的一个特殊阶段，中国古代教育依然沿着自身的轨道向前延伸，教育的理念处在融合、蜕变、更新时期。在这个时期，我国古代教育出现了以下一些特点：

首先，在民族文化融合中，汉文化教育大规模传播。在这一时期，汉文化传播主要是以各少数民族被“汉化”的途径来实现的。各少数民族上层积极学习汉文化，甚至以精通汉文化自豪。此时，少数民族以多种方式来学习汉文化，如向汉族士人习得，把子弟送到长安学习，到太学中游学等。同时，各少数民族上层的汉化也为汉文化教育向各少数民族中下层的广泛传播提供了条件。各少数民族上层对汉文化的认同，使他们热衷于汉文化教育的传播，他们在国内邀请汉学名儒讲学，设立学校，甚至亲临学校检查诸生的学习成绩，督促其学习汉文化。汉化教育的大规模传播使汉文化和各少数民族文化之间相互交融，结出了累累硕果。少数民族争相学习汉族的政治、经济、教育制度，学习汉族的治国理念，推进了汉文化的发展与传播。

其次，等级教育的出现是魏晋南北朝时期教育的又一特点。在汉朝末期，由于察举制的衰落，门阀成为士子登入仕途的重要门径，而寒门庶族则难有擢升机会。在教育上表现出来的就是等级教育的产生。在此情况下，该时期的太学、国学中的学生大都只有贵族而无庶族。

最后，私学教育的昌盛。随着门阀制度的普遍，魏晋南北朝时期官学衰败，私学遂走向发达。在该时期，政局紊乱、政权更迭频繁，教育政策没有延续性，统治者无暇顾及官学，这就给私学发展留下了巨大空间。那些潜心学术研究之人就建立私学，大力培养学术继承人。同时，思想界的巨变也对私学发展起了极大的推动作用。在该时期，主流统治思想儒学失宠，思想界出现了多元化发展趋势，学者各创私学、传播各家经典，私学盛极一时。另外，宗族组织的发展也推动了私学的兴盛。到了魏晋南北朝，宗

族组织日益强大，许多自然村落都出现了宗族组织，学校教育就成为维系这些宗族组织的重要手段。在农闲期间，各宗族聚徒讲学，私学活动非常活跃。正是由于上述原因，该时期的私学所覆盖的层面远比东汉广阔，入私学而受教育的人数激增，而且教授内容也比东汉丰富得多。

二、学校教育制度的演变

在魏晋南北朝时期，不同朝代政治创办了不同类型的学校，教育制度更替频繁。

（一）三国时期的学校教育

汉末是天下纷争、群雄割据的一个时代，在三国竞争中，曹操独霸中原，其子曹丕建立了魏政权。而刘备盘踞蜀国，建立了蜀政权。孙权割据江东，建立了吴政权，形成了三国鼎立的态势。各国在不同时期建立起了不同的学校。

魏国的学校教育分为太学和地方学校两类。太学创立于魏文帝时期，建立最早。建安七年，曹操下令搜寻在战争中牺牲的将士后裔及其亲属，给予他们土地的同时设学兴办教育事业。第二年七月，曹操在更大范围内开展了创办教育的活动。他下令郡国各地都修习文学，凡满五百户的县都设置校官，选乡里的俊秀之士入学学习。据记载，建安二十二年，曹操自封为魏王后曾在邺城建立了泮宫。

在这个时期，太学基本上延续了两汉的建制，如在编制上对太学生和博士的编制做了严格的规定，在博士中选择聪明有威信的一人做博士祭酒，总管太学的各项学业及相关事务。曹操统治时期的地方学校一般都为官立，设在各郡（国）县，奉行考试之法，成就较为显著。建安八年，曹操下令，要求各郡县设立专管教学的官职，大力兴办郡县学校。到了魏文帝时期，许多太守十分注意地方学校的发展，有许多有识之士，如济阴太守郑袤、陈留太守刘劭等都对地方学校发展做出了很大的贡献。

蜀国也较为重视学校教育，诸葛亮对蜀国学校教育的发展立下了汗马功劳。诸葛亮强调：人的学问不是天生的，才能不是靠家世遗传的，而是靠潜心钻研学问获得的，所以人必须通过学习才能具有学识，成为有才之人。刘备称帝后不久，在诸葛亮的建议下，设立了太学。在太学中，也设立博士，专门开展教学活动。在学术风气上，蜀国学校中以古文经学为主要学习内容，涌现了一批经学大师，如许慈、尹默精、来敏等。后来，诸葛亮担任益州牧，任命经学大师谯周为劝学从事，任命大将军蒋琬为典学从事，大力发展益州教育事业。

吴国成立后，孙权下诏要求设立都讲祭酒，开展教学活动。孙权虽然设学较早，但由于多种原因而未加重视。吴景帝登基后，于公元 258 年正式下诏置学官，设立五经

博士，遴选将士与官吏子弟入学学习。孙权经常要求将领及其子弟要加强学习，曾经劝告吕蒙抓紧学习，不要以忙碌为由而荒废了学习。吴国的教育体制大体与蜀相同，也采取博士领衔制。吴国也设立了地方学校。在吴国，教学内容主要是今文经学，继承了汉代的学风。

（二）两晋的学校教育

尽管时处战乱频繁时期，两晋的统治者也时有办学行为，学校教育仍延续着。

1. 西晋的学校教育

晋泰始元年，河内大族司马炎建立了晋，史称西晋，司马炎被称为晋武帝。在西晋时期，门阀士族占据统治地位，造成了“上品无寒门，下品无士族”的等级化政治格局，思想文化上盛行玄风。晋武帝在位时统治清明，也非常重视教育活动。在教育制度上，西晋沿承了魏国的制度，变化不大。泰始六年，晋武帝亲临辟雍，行乡饮酒之礼，并赐太常博士和学生以帛、牛、酒，太学教育活动依然在延续。西晋在太学中设置了博士十九人，并于公元272年对太学进行了整顿，削减了冗余生员，淘汰掉了近四千人。咸宁二年，晋武帝下诏设立了国子学，这是一种新型官学形态的开始。咸宁四年，统治者又对其做了具体规定：定置国子祭酒、博士各一人，助教十五人，以教生徒。要求所选博士必须履行清淳、通明典义。这是封建官学教育贵族化的开端，是门阀政治在教育上的反映。元康元年，武帝把太学和国子学明确区别开来，规定：只有官职五品以上的子弟方可入学，天子行礼应去国子学而非太学，太子应离开太学入国子学。这样，封建教育的等级化日益明显了。西晋的太学及国子学都由祭酒和博士执掌，教学内容的核心仍是儒家经学。由于统治者的重视，西晋国子学和太学都经历了短暂的繁荣。相对而言，西晋的地方学校一直处于放任自流的状况。地方学校的盛衰，取决于州郡县官吏自身是否重视，如果官吏重视，则学校教育发达，否则，就被荒废。鄱阳内史虞溥是重视地方学校的典范，他曾经大修庠序，广招学徒，被传为佳话。

2. 东晋时期的学校教育

晋元帝建武元年，琅琊王司马睿在建康即位，建立东晋。东晋时期，士族与皇权分庭抗礼严重，统治风雨飘摇。东晋时期，门阀士族势力日渐强大，他们凭借着自身的政治、经济、军事、文化实力，交替控制着政权，东晋的学校教育也受着门阀政治的影响。在该时期，学校教育始终处于时兴时废的状态。学风腐化，落入流俗，导致了学校教育无人问津，校舍年久失修。当然，门阀士族中也有一些有识之士，如谢安等人，他们心系大局、关怀国家，因而也比较重视教育事业。在东晋，首先提出兴学的是琅琊大族、中兴功臣王导。晋元帝即位后不久，王导上书朝廷

主张“建明学业，以训后生”，要求选择聪慧之士入学，遴选名师从教，要求统治者重视教育的教化功能。在他的努力下，建武元年，元帝设置了史官，建立了太学。大兴二年，政府为学校设置了博士员五人，派皇太子于太学讲经行释奠礼。随后不久，太学被毁。成帝咸康三年，国子祭酒袁瑰、太常冯怀再次上书，要求重兴太学，成帝于此年再立了太学。然而不久，公元 352 年，太学再次被毁。淝水之战后，孝武帝于公元 384 年要求各州郡都办乡学，同时又选公卿二千石的子弟入中央官学，即国子学和太学学习。后来孝武帝在中堂设立了太学，选取学生一百二十人，其中太学生与国子生各占一半。在东晋太学或国子学中，所有教学仍采取设博士主持教学活动的做法。元帝时期，设博士五人，后又扩展为九人，最后增加到十六人。在博士下设助教来教生徒，课程设置主要为古文经学。

东晋的地方学校教育始于孝武帝时期，太元九年谢石上书建议普修乡校，但没有得到具体落实。在该时期，范宁与范宣对地方学校的设立贡献很大。在范宁任地方官时，他身体力行、匡正时俗。他在余杭任县令时，下令兴办学校、招收学生，鼓励有志之士入学求教。后来，他被任命为豫章太守，又在该地大兴学校，大大推进了东晋地方学校的发展。

（三）十六国学校教育

西晋灭亡后，北方各少数民族纷纷入主中原，建立了具有各自民族特色的国家。各少数民族上层统治者力图保持本民族的统治方式，但在进行军事征服的基础上他们却被高度发达的汉族文化所汉化。由此，汉文化获得了最广大范围的普及和传播，各少数民族的文明程度随之提高。在该时期，许多有助于学校教育复兴的举措引人关注，如匈奴刘氏等人发展教育的措施。刘曜即位后，设立太学于长乐宫东，在未央宫西设立小学，遴选有学问与才德的人任教，甚至在太学设国子祭酒、崇文祭酒等职，有利于国子学制度的延续。再如后赵时期的学校教育。由羯人石勒建即位后，非常欣赏汉文化，常常让人读书给他听。在教育制度改革上，他重视选拔汉族人才，兴办学校、重儒崇经，立太学于襄国，增设了宣文、宣教、崇儒、崇训等十余所小学，培育后赵政权的继承者。此外，他还建立了一批教育设施，如明堂、辟雍、灵台等。他还改革九品中正制，改变了其维护门阀政治的性质。除此而外，在该时期还有鲜卑诸国创办的学校教育、氐人诸国建立的学校教育、羌人后秦创办的学校教育和汉人各政权设立的学校教育等等，它们都是十六国时期学校教育的重要构成部分。

（四）南朝的学校教育

晋元熙二年，刘裕建立宋朝政权，开始了南朝历史，

在一百七十年中，先后历经齐、梁、陈三朝，史称南朝。

1. 刘宋的学校教育

宋武帝刘裕即位后于永初三年下诏建立国学，并任命范泰为国子祭酒，由裴松之担任国子博士，着手制定了具体的教育改革措施，但未能如期实施。文帝元嘉十九年，宋朝建立了国子学。宋文帝父子十分重视国子学，于元嘉二十二年令太子亲临释奠，振兴教育。后由于宋魏战争，公元450年国子学被废弃。孝武帝上台后，政局渐趋稳定，大明五年孝武帝重办国学，让皇亲贵族子弟入学。宋明帝泰始六年，统治者设立了一个集藏书和研究为一体的机构——总明观，并设置祭酒、访举等职位各一人，举士一职二十人，具有教育机构的性质。在总明观中，分别设立儒、道、文、史、阴阳五部，实施了文帝时期创立的分科教授制度。

南朝时期，学校教育发展中出现的一大特色是专科学校的建立。宋文帝时期，由于当时官学荒废情况严重，他就征集各地名师来京师在鸡笼山开学馆。他命何尚之立玄学馆、何承天立史学馆、谢元立文学馆、雷次宗立儒学馆，共同开办学校教育。此后，南齐还设立了律学博士，梁武帝于天监四年设立了律学馆。这些学馆是我国古代专科学校设置的开端，它开创了分科教授的教学制度，打破了我国传统的以经学为唯一课程的学校教育制度，繁荣了古代文化，为隋唐专科学校的发展打下了基础。

2. 萧齐的学校教育

宋升明三年，宋相国、齐公萧道成建立齐国，对学校教育非常重视。建元四年春，萧道成下诏全国精选儒官、开办学校，大力兴学。根据规定：当时国学设置学生一百五十人，设置空余学额五十人，为那些愿意学习的人士专门设置。在国学中设祭酒、博士、助教三级教师职位，专门教授经学。齐武帝永明三年正月，又下诏兴学，选拔学生二百多人，并任命王俭为祭酒，陆澄为国子博士，国学日益成形。在武帝时，永明四年他亲临国子学讲《孝经》，并赐国子祭酒、博士、助教等礼品，以显示对国子学的重视。

3. 梁代的学校教育

齐中兴二年四月，梁公萧衍即位，灭齐建梁，史称梁朝。梁武帝萧衍喜欢经学，力推梁代学校教育的发展。梁武帝采取了一系列有利于学校教育发展的举措，如广开学馆、招集学生。天监四年梁武帝下诏要求社会重视经学教育，并对有志于教学教育的人士进行奖励，并设置了“五馆”，让明山宾、沈峻、严植之等人各主持一个学馆，教授学生，由官府提供食宿。同时，梁武帝下令设立国子学，严格考试制度，于公元 508 年再次下诏兴办国子学。梁武帝对国子学十分重视，公元 510 年曾两次亲临国子学，测

试学子，赏赐优秀学官，鼓励有识之士入学就读。建士林馆是梁武帝对学校教育的又一贡献。大同七年，在梁武帝的号召下在宫城以西设立了士林馆，专门开展讲学与研究活动。

4. 陈代的学校教育

梁太平二年，陈霸先消灭了梁朝，建立了陈朝。陈武帝陈霸先也曾努力恢复学校教育机构。永定三年，他下诏设置了“博士”一职，专门负责文教事业。陈文帝也曾于天嘉元年采纳了学士沈不害的上书建议，开始了办学设学活动，国学和太学随之被设立。

总之，南朝学校教育制度的特点是时断时续，统治者非常重视中央国学、太学等教育机构的设立，而对地方学校则关心不够，使之一度处于自生自灭的状况。专科学校的设立，儒学独尊地位的取消，玄学、佛学的发达是该时期学校教育的一大特点。

（五）北朝的学校教育

北朝是指魏（北魏、东魏、西魏）、齐、周三朝，历时约二百多年。在该时期，少数民族的文化开始融入汉文化之中，以儒学为核心的封建文化教育开始在少数民族中传播。在该时期，北魏、北齐等国的学校教育制度值得关注。北魏的学校教育分为中央国学和地方乡学。北魏的中央学校有太学、国子学、四门小学、皇宗学、律学和算学等，后两者属于专科学校。在中央官学中，课程以儒家经学为主，传播儒家文化是其重要的特点。整个教育内容受玄学影响少，学风朴实，继承了两汉传统。北魏对州郡县的地方教育也非常重视。献文帝天安初，相州刺史李訢上书建议兴建地方学校，受到了统治者的重视，故在献文、孝文、宣武、孝武等朝代地方学校有了一定的发展。北齐政权是鲜卑化了的汉人和鲜卑民族中的六镇人建立的，他们大力提倡鲜卑文化，故北齐教育发展极为缓慢。文宣帝高洋尽管于公元 550 年下令设立了国子学，但从上到下，社会对教育热情不高。在北齐时期也设立了州郡学校，甚至还设立了博士、助教等职，但成效不大。这种情况到了北周时期有所好转。宇文泰、宇文护等人在汉人的帮助下推行政治经济军事上的改革，故对学校教育也有所重视。北周的学校教育的基本方针是宇文泰时由汉人苏绰制定的，他提出了六条诏书，其中包括择贤良、敦教化等建议，推动了学校教育的发展。

三、选士制度的发展

九品中正制是继汉代察举制之后出现的一种选士制度，是魏晋南北朝时期占主流的一种官吏选拔制度。九品中正制又称“九品官人法”，其主要思路是由各级中正官将考试对象分为九等，作为官吏任用的主要标准。魏文帝曹丕当

政前夕，魏国吏部尚书陈群提出了建立九品中正制的建议，被魏晋等朝代所采用。至西晋时期，该制度日渐趋于完备，南北朝时又有所变化，不断向前发展。以魏晋的九品中正制为例，其主要做法是：

首先，在各郡、各州设置中正官，且只能由本地人充当，一般由现任中央官吏兼任，且担任中正者本人一般必须是九品中的二品。开始，各郡的中正由各郡长官推选，晋朝时改为由州中正荐举，中正的任命权在司徒府。同时，各州郡中正之下还设有属员，行使对一般人物的品第权，而重要人物则由州郡中正官亲自评议。

其次，对考察对象进行评议定。中正的主要工作是对所属区域内的百姓、群众进行评议，划分品次。在评议中坚持的标准是：家世（被评者是否出身于官宦贵族之家）、道德、才能。中正官对人物的道德、才能只做概括性的评语，称为“状”。中正官根据被评议对象的家世、才德进行评论，并据此对人物的品第做出判断，该过程被称为“品”。魏晋南北朝时期，人的品第被划分为九等，即上上、上中、上下、中上、中中、中下、下上、下中、下下。从大类上看，只分为上品和下品。一品一般无人能取得，二品是常人中的最高品，三品在西晋时也算是高品。

再次，审核考察对象。中正官将评议的结果上交司徒府，由司徒府对之进行复核与批准，最后送到吏部作为选官的直接根据。因此，中正官对人品第的判定与其仕途密切相关。一般而言，品第高的人做官的起点就高，升迁较快，而品第低的人则做官起点低，升迁较为缓慢。

最后是品第的变更与调整阶段。中正制对人物的评议一般是三年一调整，也有偶尔对人进行升品或降品的。一个人的品第升降后，官品也会随之变动。一般情况下官府禁止被评者上诉，也会对不公正的中正官追究责任，甚至降罪。

纵观九品中正制的发展历程，它创始于曹魏，成熟于两晋，衰落于南北朝时期，废除于隋朝，最终被科举制所代替。与汉代的察举制相比，九品中正制度是对汉代官吏选拔制度加以改革的产物，其目的之一是要将选举权收回中央，便于皇帝控制，以逐步实现削弱地方权势的目的。在产生初期，九品中正制品第人物的主要标准是家世、道德、才能三者并重，注重人的才德，有利于社会的稳定。但在后期实施过程中，由于过分强调品评对象的家世与出身，才德标准逐渐被忽视，造成了上品者几乎全部出自门阀世族的现象，“上品无寒门，下品无士族”便是对这一现象的反映。随之，官吏选拔之权被牢牢控制在门阀世族手中，不利于封建统治基础的扩大。到了十六国和北朝时期，由于各执政者大都是少数民族，九品中正制的作用名存实亡，故北魏初、中期没有实行九品中正制。到了孝文帝改

制时期才确立了九品中正制，之后便流于形式。到了隋代，随着门阀制度的衰落，九品中正制终被科举制取而代之，退出了历史的舞台。

四、颜之推与《颜氏家训》

颜之推（公元530—约591），字介，琊琊临沂人。琊琊颜氏是魏晋南北朝时的高门士族，以孝而闻名于世。颜之推的父亲颜协一生游走于各官宦蕃府之中，曾担任过梁朝湘东王萧绎镇的西府咨议参军一职。颜之推一生仕途坎坷，经历复杂。魏晋时期，受玄学之风的影响，全国上下学风浮躁。在这种情况下，颜之推根据自己的经历和体验，写出了著名的家庭教科书——《颜氏家训》，专门用以教育其子孙。《颜氏家训》是颜之推结合自己的人生经历和处世哲学，为了用儒家思想教育其子孙，以保持自己家庭的传统与地位而写出的一部系统完整的家庭教育教科书，共七卷，二十篇，是我国历史上第一部内容丰富、体系宏大的家训，成为我国封建时代家教的集大成之作，被誉为“家教规范”。

（一）士大夫必须注重教育

颜之推对南北朝时期士族地主阶层的教育状况极为担忧，他希望改变学风，加强对子孙的教育。该时期士大夫阶层非常轻视教育，没有认识到教育对人成长的重要意义。他指出，士大夫阶层的弊端之一就是不学无术，不懂修学。为此，颜之推指出，“古之学者为人，行道以利世今；今之学者为己，修身以求进也”（《颜氏家训·勉学篇》），他指出，士族阶层必须重视教育。

首先，颜之推从维护统治阶级长远利益出发提出了人才的培养目标是朝廷之臣、文史之臣、军旅之臣、藩屏之臣和使命之臣。颜之推认为，这些人是对国家有用的人才，必须靠教育来培养。接受教育的程度同个人的前途利害相关，士大夫子弟只有修习德行，才可能成为对国家有用的人。

其次，颜之推要求士大夫向下层人民学习，不要轻视劳动生产。他认为，读书的目的是为了开心明目、利于德行，故学习古往圣贤是必要的。但农工商贾、厮役奴隶、钓鱼屠肉、贩牛牧羊等都是社会所必需的，因此士大夫应该懂得稼穑的艰难，珍惜别人的辛苦劳动。而且，参加农事劳动也有利于锻炼士大夫的体格，获得谋生技能，克服肤脆骨柔、体羸体弱、不耐寒暑等缺陷。为此，他提倡士大夫子弟躬耕，对农事活动有所了解，以齐家治民，成长为统治阶级所需要的各类专门统治人才。

其三，颜之推从性三品说的角度论述了士大夫阶层接受教育的重要性。他指出，人性分为三等，即上智之人，下愚之人和中庸之人。教育的作用就在于教育中庸之人，使之完善德性，增长知识。而一般人都是中庸之人，必须通过接受教育来完善自己。

颜之推还对士大夫教育的内容做了探讨。他认为：士大夫教育应包括德、艺两个方面，士大夫必须学习儒家的基本理论，修身慎行，努力达到“体道合德”的最高境界。从“德”的教育方面来看，士大夫教育应包括儒家的孝悌仁义等道德规范内容。他指出，树立仁义的信念是德育的重要任务，实践仁义则是道德教育的最终目的。从“艺”的教育方面来看，主要包括广博的知识教育和勤奋读书方面的教育，其次还包括掌握提纲挈领与灵活应用的学习能力，倡导简洁、扼要的文风，反对士大夫阶层的繁文缛节。颜之推还提出了广泛的教育内容，如经史百家等书本知识、身处士大夫社会生活中所需要的“杂艺”，如琴、棋、书、画、数、医、射、投壶等，以此来丰富教育活动的内容。当然，“德”与“艺”两方面的教育内容是密切联系的：德育与艺教是互相促进的关系，德育是根本，知识教育是道德教育的基础，并为道德教育服务。

（二）儿童教育思想

颜之推非常重视儿童教育，尤其注重儿童的早期教育，儿童教育是《颜氏家训》的主要内容。当时，儿童教育的主要机构是家庭，家庭教育与幼儿教育之间几乎可以画等号。颜之推从以下几个方面详细论述了他的儿童家庭教育思想。

首先，早期教育的效果最佳，故最为重要，父母应该“尽早施教”。颜之推指出，一方面儿童正处于年幼时期，他们心理纯净，各种思想观念还没有形成，可塑性很大，具有较大的教育潜力；另一方面，在幼年时期孩子受外界干扰少，精神专注，记忆力处于旺盛时期，能把学习的材料牢牢记住，相对而言，年长以后则记忆力逐渐衰退，学习效果无法保证。因此，他强调，儿童时期是学习的重要阶段，必须抓紧时间，不可荒废。

其次，在对儿童进行家庭教育时，颜之推提出了一系列的原则与方法：严与慈相结合的原则，“父母威严而有慈，则子女畏慎而生孝矣”，父母将对孩子的严格与慈爱结合起来，使孩子成才成器；爱护与教育相统一的方法，努力将对儿童的爱护与教育统一起来，善于利用爱对孩子进行教育，防止“无教而有爱”，让孩子任性放纵，小时养成不良习惯，铸成终生大错；利用环境进行教育的方法，颜之推倡导孔孟学派的“慎择友”思想，十分重视让儿童置身于比较优良的社会交往的环境之中，故此他要求家庭教育要注意选邻择友，因为周围人的为人处世给儿童以“熏渍陶”“潜移暗化”的影响。

最后，颜之推为儿童家庭教育设计了丰富的教育内容。

其一是语言教育。颜之推认为，语言的学习应注意规范，重视通用语言的学习，不要强调方言。在家庭教育中，引导子女学习正确的语言是做父母的重要责任，一事一物不经查考，不能随便称呼。

其二是道德教育。对儿童教育必须注意道德方面的教育，

其主要内容是以孝悌为中心的人伦道德教育和立志教育两个方面。颜之推强调，道德教育应该通过长辈道德行为示范的“风化”方式进行。这样，儿童可以从中受到潜移默化的影响，形成社会所要求的德行。父母要教育子女积极实践仁义道德的准则，在仁义践行方面要不惜任何代价，以至牺牲生命。立志教育也是儿童教育的一个方面。他认为，孩子只有树立远大的志向，才经得起任何磨难，坚持不懈，才能成就大业。正如其所言，“有志尚者，遂能磨砺，以就素业。”父母要教育子女树立崇高的志向，立志继承世代的家业，注重气节的培养，不以依附权贵、屈节求官为生活目标。

（三）论学习态度与方法

颜之推认为，学习的动机与态度应该端正。学习的目的主要是为了见识广博、开启心扉、修身利行，而非为了谈说、取官。一切学习都应为了使自己的德行完善，为了实现儒家“修身、齐家、治国、平天下”的政治目标，为此，士大夫阶层必须克服清谈之风，从而虚心求学，抵制以巧辩胜人为荣的不良学风。

颜之推还创造了一系列行之有效的学习方法值得后人学习。这些学习方法集中体现在三个方面：勤学、切磋、眼学。

首先是勤学。颜之推认为，学习成绩如何主要决定于自己，取决于自己的努力程度，而非教师。所以要依靠自己的勤勉努力才能学有所得，任何学习者都应勤奋好学，即便是迟钝者，他们也可以通过勤学达到精通和熟练的程度。

其次是切磋。颜之推非常赞赏《尚书》中的“好问则裕”和《学记》中的“独学而无友，则孤陋而寡闻”的学习方法，他要求人们重视切磋交流在学习中的作用，自觉克服“独学而无友”的陋习，利用良师益友之间的相互切磋来促进学习。

最后是眼学。所谓“眼学”，就是要提倡虚心务实、亲眼所见、躬身实践的学习态度，反对妄自尊大、骄傲浮夸的不良学风。在学习上，颜之推提倡踏踏实实的学风，要求人们通过亲身观察来获取知识。当然，耳闻所得的知识也有一定的价值，但对之要采取存疑的审慎态度，不能轻易地相信和转授他人。

颜之推的教育思想是围绕如何重视和改变士大夫子弟的教育状况这个中心而展开的，尽管其中不乏一些封建教育的陋俗，但他提出的有关家庭教育、儿童教育的经验为后世开展教育活动留下了一笔宝贵的精神财富，其中值得当今教育工作者汲取的东西依然非常多，值得后人不断去研究。

五、教育故事集锦

曹操，字孟德，小字阿瞒，沛国谯人，东汉末年著名的军事家、政治家和诗人，三国时代魏国教育的奠基人和主要缔造者。曹操善于教育子女，儿子曹植从小聪慧过人，曹丕最终成就大业，都与曹操的家庭教育密切相关。

曹操的家庭教育

三国群雄之中，教育子弟最有成效的，当首推曹操。他的几个孩子，曹丕、曹植文武双全，都是著名诗人；曹彰刚毅威猛，是一员名将；曹冲虽然十三岁就夭折了，却是历史上罕见的神童。曹家子弟如此优秀，实在离不开曹操良好的家庭教育。然而，曹操是怎样教育孩子的，无论是正史还是《三国演义》中的记叙都过于简略，我们仅能从侧面略知一二。

曹丕在《典论·自叙》中说：在我五岁时，父王看到世局扰乱，教我学射箭，六岁能开弓；又教我骑马，八岁就能骑射了。后来，曹操命他从少年时代起，就随军东征西讨，练得一身精湛的武艺，而且还长于弹琴，精于诗赋。曹植，十岁出头就诵读《诗经》《论语》以及辞赋几十万字，而且下笔成文，倚马可待。曹操不大相信他如此优秀，于是曹植要求面试。当邺城铜台刚建成时，曹操带领儿子们登台，命各人作赋，曹植第一个交卷，曹操不由得连声称赞。这说明曹操教育孩子是从童年的启蒙教育时就抓得很紧，让孩子在幼年时代就奠定了坚实的基础。

曹操非常注意给孩子们选良师，并要求他们尊敬老师。他给儿子们选拔老师时下令要选“德行堂堂”的人物，比如被称为“国之重宝”“士之精藻”的邴原为曹丕的长史。曹操有次出征时，让曹丕留守，派张范、邴原辅佐，严令曹丕有事必须尊重张，邴二人意见，并对张、邴二人“行子孙礼”。曹操对儿子们的学习抓得很紧，在品德上要求尤其严格。曹操原本极其宠爱曹植，很想立他为世子。公元213年，曹操率军南征孙权，命令曹植留守邺城，临行之前对曹植说：“我二十三岁时做的事情，现在回想起来，也没有什么错误；你今年也二十三岁了，难道还不应该努力吗？”言辞间寄托了多么深切的期望。可是，曹植恃宠而骄，放纵不羁，有一次乘车在“驰道”上走，又私自打开“司马门”出去。而这是只有皇帝才能享受的特权，曹植这样做，就触犯了国家法律。曹操知道后，十分生气，下令斩了守门官吏，并宣布说：“始者谓子建，儿中最可定大事。”“自临淄侯植私出，开司马门至金门，令吾异目视此儿矣。”后来就决定不立曹植而改立曹丕为世子，这种改变当然还有其他一些原因，但曹操对儿子的严格亦由此可见。

曹操在家庭生活中和子女舐犊情深，关系亲密融洽，将孩子们的教育贯穿于日常生活之中。当曹操向部下征询称象的办法时，曹冲这五六岁的孩子竟能直抒己见，毫不拘谨和畏惧，提出用大船称象的好办法，曹操还高兴地照办了，“曹冲称象”遂成为脍炙人口的故事。公元218年，曹操派曹彰带兵讨伐代郡乌桓的叛乱，临出发前对曹彰说：“居家为父子，受事为君臣，动以王法从事。尔其戒之!”告诉曹彰王法无私，犯了过错是不能指望依靠父子之情得到宽赦的。曹彰

兢兢业业，奋力战斗，所向披靡，完全平定了北方。回禀曹操时，却并不居功，而把功劳归于部下将领。曹操听了十分高兴，亲切地握着曹彰下颌的黄胡须说："黄须儿竟大奇也!"

思考和借鉴曹操的教子方式，不由让人想起了刘备。刘备虽是一个堪与曹操齐名的卓越政治家，可惜不会做父亲，其子阿斗竟成为千古笑柄。"扶不起的阿斗"成为一切"孱头"的别名，其中原因是不难探究的。刘备飘荡半生，四十多岁才得此一子，极其钟爱，当阳一战，为了救阿斗，几乎断送赵云的性命。后来孙夫人带阿斗回吴，又是赵云、张飞半路截下的。正因为保全这孩子极其不易，刘备对他便会特别怜惜、娇惯和溺爱了。英雄气短，儿女情长，"怜子如何不丈夫"，刘备如何能例外？事物发展到极端便走向反面，这就为阿斗的庸碌埋下种子了。

隋唐时期的教育

公元 581 年，北周的外戚、大丞相杨坚篡夺了周朝王位，建立隋朝，结束了南北朝的对峙格局，各少数民族与汉族的融合运动至此得以完成。隋文帝杨坚统一南北朝各国，实现了继秦汉以后的第三次大统一。隋朝建立了三省六部制和科举制，制定了统一法典《开皇律》，推行均田制，社会的经济和文化出现了短暂的繁荣。但到后期，隋炀帝杨广政治昏庸，大兴土木，多次发动对外战争，致使隋朝在农民起义中垮台。公元618年，李渊起兵攻入长安，创立了唐王朝，公元628年李渊之子李世民完成统一大业，随之即位，史称唐太宗。唐朝善于借鉴历史经验，重用贤能、虚心纳谏、减轻赋税，使唐朝社会、经济迅速恢复并走向繁荣，出现了“贞观之治”“开元盛世”的昌盛局面。到了后期，唐朝统治者日益昏庸腐败，各种社会矛盾不断激化，公元755年爆发了历时八年之久的“安史之乱”。至此，唐朝内部宦官专政，外部藩镇割据，开始走向衰亡。

隋唐时期，政治、经济活动活跃，文化发达，成为我国历史上的一个重要时期。在政治上，隋唐推行三省六部制，尚书、门下、内史三省制是中央官制的核心，吏、户、礼、兵、刑、工六部成为官府的常设机构。隋唐统治者还建立并实施了科举制、两税法等，对后世影响很大。在外交上，隋唐采取了较为开放的对外政策，中外经济文化交流频繁。在思想上，中国传统的儒学文化得到了弘扬和整理，道教文化在官府的扶植下有了发展，从印度传入的佛教走上了中国化的道路。在文化上，隋唐文人在传奇、诗歌等方面创造了辉煌的业绩，李白、杜甫、白居易、元稹、李商隐、韩愈、柳宗元等成为该时期文化方面涌现出来的大师级人物。在科技上，以中国“四大发明”著称的印刷术和火药就产生于这一

时期。

一、隋唐时期的文教政策

在统一各股割据势力之后，隋唐确立了新的文教政策，其主旨为重振儒学，兼融佛、道，三教并用，以实现对整个社会的思想与文化统治。儒学、佛家、道家是隋唐文教政策的三个立足点，在不同时期，随着统治者的偏好与实际需要的变化，三个教派在隋唐文教政策中的地位不断变化。

（一）重振儒学

魏晋南北朝以来，由于社会动乱、玄学兴起，儒学地位日益下降，而佛教、道教则日趋兴盛。隋文帝时期，三个教派各自的优越性都已为统治者所认识到。相对而言，统治者更加认可儒学在教化百姓、养育人才方面的特殊重要性。因此，崇儒之风被掀起。隋唐统治者下令广泛征集儒家经典，以高官厚禄礼聘全国的儒士、儒生，命令他们在全国各地兴办学校，培养优秀学子，以备国家选聘。公元 583 年，隋文帝杨坚下诏，其中称："朕君临区宇，深思治术，欲使生人从化，以德代刑"，同时下令全国各州县都设立博士以习礼，扩充京师的国子寺规模，并将儒家经典文献加以整理、分类，分为甲、乙、丙、丁四目，分别归入经、史、子、集四类，为儒学教育提供了丰富的教育内容。唐朝对崇儒政策的热情依然不减。唐高祖李渊在开国之初，就非常喜欢儒臣、儒士，甚至在国子学内设立周公、孔子庙各一所，经常祭奠。公元624年，唐高祖颁布了《兴学敕》，要求“敦本息末，崇尚儒宗，开后生之耳目，行先王之典训”。公元628年，唐太宗李世民下令立孔子为先圣，立颜回为先师，在他登基前还在王府内设立文学馆，召集房玄龄、魏征等儒士为学士，诏令各州县学都设立孔子庙。同时，贞观十四年，唐太宗诏令孔颖达等人撰写《五经正义》颁行天下，把《周易》《尚书》《毛诗》《礼记》《左传》等的修订本作为官方颁布的经学权威著述，并规定每年的明经科考试也以《五经正义》的论述为标准。崇儒政策的确立规定了隋唐教育政策的主体内容。

（二）兼融佛道

同秦汉不一样的是，隋唐不仅崇尚儒学，而且也不排除其他教派。在重儒的同时提倡佛教和道教，促使三者共同发展、相互吸收，是隋唐文教政策的一大特点。隋文帝笃信佛教，多次尊称佛教为“圣教”，并且下诏广修舍利塔，刻印大批佛经，在不影响儒学地位的同时提倡佛教与道教，使它们共同为封建统治者服务。与隋朝相似，唐代也倡导道教、佛教，甚至还提出过“二教并举”的政治口号。唐高祖曾下诏宣称：“三教虽异，善归一揆”，由于自身属于李姓，唐代统治者尊奉道家开创者老子为始祖，着力圣化其统治的合理性。唐太宗进而认为三教殊途同归，故支持玄奘西游，译解

佛经。女皇武则天也对佛教持欢迎态度，她认为“佛道二教，同归于善”。整个隋唐时期，儒、佛、道三教之间相互斗争、此消彼长、相互汲取，主宰着封建社会的主流意识形态，共同维护着封建社会地主阶级的思想统治。重振儒学、兼重佛道的文教政策对隋唐社会的发展产生了重要影响。三教并重文教政策的实施，促进了唐朝学术文化整体的健康发展。儒家在与佛教和道教的斗争中，积极吸收了佛学和道学的思想，进而促进了儒、佛、道的融合和各自的迅速发展，以此推动了唐朝学术文化整体的繁荣。在唐朝后期，儒、佛、道走向了互相融合的道路，三种教派在相互吸收中开阔了人们的认识视野，提高了人们的认识水平，直接推动了宋明理学的形成。

二、隋唐时期的教育制度

从隋唐时期开始，我国古代社会日渐形成了相对完善的教育系统，上有中央的教育管理机构、国学设施，下设州县教育管理机构、府学县学，上下连成一体，形成了庞大的教育制度，意味着我国封建教育制度鼎盛时期的到来。在此，我们从教育管理体制与学校教育制度两个层面对之做以下介绍。

（一）隋唐时期的教育管理体制

隋唐时期教育事业的管理由中央教育行政机构和地方教

育行政管理机构组成，它们担负着不同的职责，具有不同的权限。

1. 中央教育行政机构

自隋朝开始，我国古代已经形成了较为完备的中央集权制教育行政管理体系。在中央教育行政制度设置上，隋朝废止了以司徒、太常为教育行政长官的制度，同时设立了国子寺，作为专管学校教育的中央教育行政机构，并设置了最高教育行政长官——祭酒。隋文帝时期，国子寺内设祭酒一人，总管教育事业，下设主簿、录事等职各一人。隋炀帝大业三年，国子寺被改为国子监，成为中国古代教育史上设立中央教育管理机构与管理官员的开端。

到了唐代，我国古代封建社会中央集权制教育行政体系日趋完备并趋于定型。在唐代，国子监仍旧是专门从事全国教育行政管理职务的中央行政机构，主要负责管理“六学”及广文馆。其次，国子监隶属于礼部，而礼部掌管着天下贡举方面政令的制定与发布，故成为实质性的全国最高教育行政机构。同时，在国子监之外唐朝政府还设置了一些其他特殊教育管理机构，如专门管理宫廷贵胄教育系统的管理机构，它们成为中央教育行政管理机构的重要补充。

2. 地方教育行政机构

在地方教育管理上，隋唐实行州县二级制。公元 636 年，唐太宗把全国分为十道，唐玄宗李隆基于公元 733 年又改十

道为十五道，道逐渐成为州以上的一级行政区划。这样，唐朝的地方行政就演变为三级——道、州、县。府州设立府尹、州刺史及少尹、别驾、长史、司马等官职，县设立县令、丞、主簿、尉等官职，其主要职责是“总治民政”“劝课农桑”“宣扬教化”，同时监管着创办、管理地方教育机构等职责。唐代的地方教育长官是长史，负责管理州、县设立的官学，同时负责主持地方官学中的学生考试。司功参军事也属于主管地方教育机构的官职，如官吏考察、学校兴办等均是司功参军事的职责之列。

（二）隋唐时期的学校教育制度

在隋朝，学校教育制度的发展较快。在该时期，中央已经设立了“五学”，即国子学、太学、四门学、书学、算学，由国子监管辖，而律学则由大理寺管辖，在各地还设有州学、县学等地方官学。

到了唐朝，学校教育制度更趋完善，唐代建立了包括中央官学和地方官学两大系统的官学系统，成为古代学校教育制度的典范。其中，中央官学又分为直系和旁系两部分。属于直系的学校有国子学、太学、四门学、广文馆、律学、书学、算学，合称“六学一馆”，由国子监负责管辖。其中，前四者属于大学性质，而后三者属于专科学校性质。属于旁系的学校有崇文馆、弘文馆、医学、崇玄学、小学等。不同的是崇文馆直辖于东宫，又称崇贤馆，创立于公元 639 年，到高宗上元三年为了避讳而改为崇文馆。弘文馆直辖于门下省。医学归太医署管辖，隶属于中书省。崇玄学亦称崇玄馆或通道学，归祠部管辖，隶属于尚书省。小学隶属于秘书省，属于初级的贵胄学校。在唐朝初期，这些学校学生总数达到了两千二百多人，到了太宗贞观年间，学生增加到了三千二百人，在最高峰时期还达到八千余人。唐代官学设立的共同特点是：初步建立了由中央和地方分级管理的教育行政体制，教育等级制明显，学校类型多样化，所有学校教育机构都带有教育、研究、行政三者合为一体的性质。

唐代的地方官学也分为直系与旁系两类。其中，作为地方的直系学校有府学、州学和县学，还包括隶属于市、镇的市学和镇学。这些学校均隶属于长史管辖。在唐朝地方设置的旁系学校有医学和崇玄学，这些学校的管理权限归属于中央医学和崇玄学，归太医署和祠部管辖。

唐代的学校教育已经初步形成了一套较为完备的教学制度，尤其是官学的等级化倾向日益明显。

1. 入学资格与修业年限

唐朝规定：各儒学学校招收 14—19 岁的学生，所学课程大致相同，学校招生的对象受限于学生的出身与门第。一般来说，“二馆”的招生仅限于皇亲贵戚和高官、功臣子弟，等级最高，学额最少，约共五十人左右。在“七学”，国子学地位最高，学生须是三品以上官员的子孙，学额规定为三百人。其次是太学，入学者限于五品以上官员的子孙，学额为五百人。另外是四门学，学额为一千三百人，其中五百人招收七品以上官员的子孙，剩余的八百人选八品以下官吏子弟甚至庶民中的优异之人，也招收州贡举进京省试落第的举人。最后是书学、律学、算学。它们是专科性质的学校，招生对象与四门学相同，但学额较少，大约在五十人以下。从修业年限上来讲，中央和地方学校一般学习年限为九年，而书学、律学的学习年限为六年。

2. 束修礼

束修之礼源自中国古代的孔子，其意指学生初入学拜见教师时要带上一些礼品作为见面礼，以示对教师的敬意。从唐代开始，这种礼仪制度被朝廷明文规定下来，成为入学制度的重要内容。交纳束修礼的多少，视学校的等级不同而异，如国子学和太学学生的束修礼为每人送绢三匹，四门学学生则为每人送绢二匹，律学、算学学生每人送绢一匹即可，地方的州县学生也可送绢二匹。在束修礼的分配原则上一般是三分送给博士，二分送给助教。久而久之，这些礼品演变为教师的固定收入。

3. 教学计划

在唐朝，各级学校已经形成了一系列规范化的教学计划，以适应科举考试制度的要求。在当时，人们把儒经分大、中、小三类。其中，大经为《礼记》《春秋左氏传》；中经为《诗经》《周礼》《仪礼》；小经为《易》《尚书》《春秋公羊传》《春秋谷梁传》。学生可以按规定选择相应的儒经来学习，其一般标准为：修习“二经”的可以是学一大经一小经或二部中经，修习“三经”的可以学大中小经各一经；修习“五经”的可以大经全学，其余各选一经。同时，《孝经》《论语》被定为公共必修科目。每一经的修业年限也有了相应规定，如《孝经》《论语》共学一年，《公羊传》《谷梁传》的修习时间各为一年半，《易》《诗》《周礼》《仪礼》各为两年，《礼记》《左传》各为三年。

4. 教师管理

唐朝时期，各级官学已形成了相对完整的教师管理的办法与制度。在中央官学中设置的教师编制有博士、助教、直讲等，其中博士负责分经进行讲授，助教的任务是辅佐博士的教学工作，而直讲的任务是辅佐助教的教学工作。在各类学校中，师生皆有定额编制，如国子学设博士七人，助教、直讲各五人，学生三百人，师生比大致为 1∶25，而太学、四门学中的师生比例分别为 1∶45 和 1∶72。而且，各级教师还有相应的官品，如国子学博士是正五品以上，助教为从七品以上，其他六学教师的等级和待遇依次递减。在地方府学、州学的教师品秩多为八品和九品，教师间的待遇相差近十倍。同时，唐朝还形成了对各级教师的考核制度，如唐朝对教师与国家其他官员一样实行定期考核，主要考核其德勤业绩与教学效果，并

根据考核结果决定教师的升迁及奖励。

5. 学生管理

在唐代官学中已经有了关于学生考核、毕业及奖惩的明确规定。学生参加的考试分三种：旬考、岁考、毕业考。旬考、岁考由博士主持。其中，旬考考查的是学生十日之内所学的课程，包括诵经一千字，讲经二千字，问大义一条，笔试帖经一道。如若考生获得 3 分为通晓，2 分为及格，不及格的要接受处罚。岁考的考试内容为学生在一年以内所学习的课程，内容有口问经义十条，通八条者为上等、六条者为中等、五条者为下等，下等者为不及格，须留级重学。如若重学后岁试仍然为下等则罚补习，仍不及格者，则勒令退学。毕业考由博士出题，国子祭酒监考，考试及格即取得应科举省试资格。如果希望继续求学，则四门学的毕业生补入太学，太学毕业生补入国子学。

官学中的学生在学期间一律公费，学生的衣服、膳食都由朝廷和地方政府支付，如若学生考试成绩不佳就有可能被“停公膳”，而学业、品行俱佳者还可能被给予奖励。如果“七学”中学生操行过劣而不堪教诲的，科考连续落第、违反假期规定不按时返校的都可能被勒令退学。

在唐朝，官学中已经形成了休假制度，这些假期大致有三种即旬假、田假和授衣假。旬假是一种经常性的休假制度，学生在每次旬考后放假一天。季节性的休假为田假和授衣假，田假在阴历五月农忙时休假，授衣假在阴历九月预备换冬装时休假，每次各放假一个月，准许学生回家探亲。

三、遴选人才新制度的产生——科举制度

科举制是中国历史上继汉朝察举制、魏晋九品中正制之后的又一种重要的选士制度，是隋唐时期教育制度变革的一大创举。科举制的产生是中国教育史上的一件大事，标志着中国选士制度走上了一条更为科学的发展道路。

（一）科举制度的产生

为什么要创立科举制，废除九品中正制呢？要理解这个问题还必须对隋唐时期的政治形势做一介绍。隋唐时期，国内实现了初步统一，但文化思想领域各派并存，相互争执，很难统一。在这种情况下，出于加强中央集权统治的需要，隋唐统治者开始试图利用选士环节来控制知识分子的头脑，使之与官府保持高度一致。从统治者的角度来考虑，要加强中央集权，就必须把选用人才的大权集中在中央政府手里，就必须最大限度地笼络知识分子，为他们提供参政的机会，使其人心归顺，思想上服从于统治需要。同时，隋唐全国实现统一后也的确需要强化封建官僚机器，选拔大量的适应封建统治需要的人才来充任各级吏员，这对巩固统治基础而言是当务之急。而旧的选士制度——九品中正制已经被地方官员和士族所操纵，难以将庶民中的俊异者及庶族地主阶级代

表选拔到统治者的圈子中来。在这种情况下，隋文帝正式废除了“九品中正制”，并于开皇三年下诏举贤良。隋炀帝大业二年开始设置了进士科，次年又确立了十科举人的制度，这“十科”包括孝悌有闻、德行敦厚、节义可称、操履清洁、强毅正直、执宪不挠、学业优敏、文才秀美、才堪将略、膂力骁壮等，其中“文才秀美”一科被人们视为进士科，作为选拔人才制度的常设科目。因此，学者一般认为：进士科的设置标志着科举制的正式创立与诞生。及至唐代，科举制逐渐成为定制，为宋、元、明、清各代所沿袭，在中国历史上推行了一千三百年之久。

在隋朝，科举制只具雏形，科举制度还不完善而且也没有充分发挥出其应有的作用，它远远未成为隋代选士制度的主要渠道。到了唐代，科举制逐渐形成了一套较为完备的取士制度，人才选拔列入国家的重要政事。公元621年，唐高祖明确规定了参加科举考试的日期、对象、预选办法等，次年还发布了选举诏书，要求未得举荐者“亦听自举”，“洁已登朝，无嫌自进”，确立了士人“自举”“自进”的制度，规定了“怀牒自应”的自由报考办法。这标志着唐代定时公开设科招考、士人自由报考的制度初步形成。到了唐太宗时期，偃武修文国策的设立更加强化了科举制度。唐太宗进一步规定了进士必须读一部经史，且规定了应试者每年十一月一日开始，次年三月二十一日考试完毕的制度。唐高宗时期，科举取士名额有所增加，“求进者众，选人渐多”，女皇武则天还经常以自己的名义举行制科考试，并在宫殿中亲自策问贡士，开创了科举考试中殿试这一重要形式。而且，武则天还将马射、马枪、长垛等列为考试内容，开创武举选拔军事人才的先河。到了开元、天宝年间，科举制度中大部分考试科目已经形成，考试的固定内容和形式基本确立，科举制度日渐发展成为一种成熟、完备的取士制度。

（二）科举考试的相关制度

在唐代，科举制度基本成型，配套管理制度日趋完善，报考程序与环节日益程式化，为人才的选拔提供了有力的制度保障。

1. 考生的生源与报考程序

在唐代，参加科举的考生主要有两个来源：一是生徒，二是乡贡。“生徒”是指各类官学的学生，“乡贡”是指“生徒”以外的、在地方报考的读书人。从获得准考名额的比例来看，“生徒”要大大高于“乡贡”，因此官学吸引了大量学生入学。具体而言，由中央、地方官学经过严格学业考试筛选出来被选送到尚书省参加考试的考生，称为生徒。不通过官学学习而学有所成的士人，可以自己向所在州县报考，经县、州考试选拔再报送尚书省参加考试的考生，被称为乡贡。从报考程序上来看，一般在每年仲冬（约十一月一日开始），考生会集在京师，到礼部、户部递交履历和推荐书，办理应

试手续，并参加各种考前仪式，如拜谒孔子像等。到次年二月初春，考生赴尚书省礼部贡院参加考试。一般明经、进士两科的考试分三场进行，每场进行一天时间。考试合格后，考官按照等级给予及第、出身的资格。一般秀才科每年取1—2个人，明经大约每十个考生中取1—2人，而进士科一般是每百人中取1—2人。考试录取后不能直接授官，还要经过吏部的考试被认定为合格后才能被授予各种官职。

2. 考试的科目、内容及方法

科举制的主要特点是分科取士，按照科类选拔人才，故分科是唐朝科举制的重要特点。唐朝科举分文科举和武科举两大类，其中文科举又分常科和制科两种。常科是每年定期举行的考试科目，包括秀才、明经、俊士、进士、明法、明字、明算、一史、三史、开元礼、道学、童子科等科目。其中经常举行的科目有秀才、明经、进士、明法、明字、明算等六科，尤以明经、进士两科最为常见。从考试情况来看，各科各有特点。秀才科注重选拔博识高才、出类拔萃、才艺卓越的人物，隋唐时期该科的地位最高，难度最大；明经科则注重考核儒家经典，其内容分大、中、小三经，另加《论语》和《孝经》的公共必修课；进士科注重考查诗赋、文学，一般要考三场，分别是帖经、杂文、时务策三场；明法科注重考核考生对法律知识的掌握情况，选拔司法人才，规定考查律七条，令三条；明字科注重考核对文字理论和书法方面的知识，一般先口试，再考查《说文解字》《字林》中的知识条目二十条；明算科注重考核学生的算术知识与技能，要求考试详明术理。显然，后面的三科都属于专门科目，一般不经常举行，且其地位也比前三科要低。

在实践中，唐朝创造了形形色色的考试方法，值得世人注意。唐代科举考试中常见的方法有帖经、墨义、策问、诗赋等五种。帖经相当于填空题，其考法是将经书任揭一页，将其左右两边盖上，中间只开一行，再用帖盖三字，令应试者填出来。这种考试方法很简单，只要熟读经书、注疏即可应付，侧重考查学生对儒家经典的熟悉程度。墨义是关于经文内容的小问答题，又称口义，该类题只要学生按原文对答即可，也是考查学生对儒经的熟悉程度。一般试题出得很多，少则数十道，多则数百道。策问是从西汉沿袭而来的一种考试方法，是有关时事政治的系列问答题。答卷的过程叫“对策”，集中回答考官的策问，并形成一篇文章。该考试方法要求考生通晓经史、熟悉时政，能提出合理和有效的见解，是考查考生政治才能的好方法。诗赋是一种按照考官命题创作诗赋的考试方法，主要考查考生的文化修养和写作水平。它要求考生要有文采，遵循严格的格律声韵要求，评定成绩也较为客观。

（三）科举制度的作用和影响

科举制是隋唐统治者网罗人才的有效手段，是士人改变社

会身份的直接出路。一旦考试进士及第，通往官场的门就打开了，“登龙门”、一“举”成名成为知识分子梦寐以求的事情。尽管隋唐代科举取士规模很小，只占官员任用的5%左右，而且进士及第也只是取得了做官的资格，还需要通过吏部的考试才能做官，但它毕竟是一般老百姓、庶人踏入仕途的唯一渠道。尽管隋唐科举制度还不算完善，但它对中国封建社会后期的政治文化以及学校教育却产生了深远的影响。科举制度作为中国封建社会后期的重要选士制度，纠正了察举制和九品中正制机会不均、主观随意性大、易营私舞弊以及选士大权旁落等弊病，开创了面向全体社会士人公开招考、给每个人提供公平的参政和竞争机会的门径，这一做法既满足了封建君主专制政治的要求，又达到了集权中央、巩固封建统治、扩大统治基础的目的，可谓一举两得。科举制对隋唐社会及其后世的积极影响集中体现在以下五个方面：

首先，官吏选用大权由中央政府来行使，加强了全国政权的统一和集中，有利于社会意识形态的相对统一，有助于良好社会秩序的形成。

其次，科举考试使得选官有了统一的客观标准，规范了广大士人学习的内容，那些要想做官的人必须全力去适应这些标准，加强了思想的统一。

第三，科举考试向各地方的庶族地主、平民打开了升迁门路，刺激了知识分子的读书热情，网罗了一批中下层知识分子，使他们获得了参与政权的机会，这就调和了社会的阶级矛盾，扩大了统治阶级的社会基础，有利于社会的稳定。

第四，科举制度从形式上表现出公开和平等的表象，似乎任何人只要读好书，就有资格应考做官，这样不仅掩饰了官僚政治的阶级实质，还可吸引全社会的知识分子，使他们埋头苦读、不问政治，形成驯良的社会性格，从而为社会统治扫除了障碍。

最后，科举制使封建官僚队伍实现了对新生力量的有效补充，为国家的运转增添了生机活力，为封建社会统治注入了一股新的活力。

然而，科举制度并不是最为理想的选士制度，存在的弊端还很多，这些弊端的存在给社会发展带来了一系列不良的影响：

首先，科举制度的实行使学校成为其附庸，学校教育的独立性不复存在，学校完全成为科举制度的预备机关。教学的直接目标是为了通过科举考试，由此科举考什么，学生就学什么，学校里就教什么；科举怎样考、学生就怎样学，学校就怎样教，学校教育完全沦落为应对科举的应试教育。一切教学活动都围绕着科举考试来进行，滋生着偏重科举、轻视学校的不良社会风气。

其次，科举考试的内容仅仅局限于儒家的几部经典和华丽的诗赋，且考试方法机械、呆板，偏重于死记硬背，致使学校的教学内容空疏无用，不重创新，导致学校教学工作重文辞少实学，重记诵不求义理，导致了形式主义、机械教条的不良教育习俗的产生。久而久之，科举制的实施不利于选拔和培养出具有真才实学、经世致用的优秀人才。

最后，科举制度毒害了读书人的思想，抑制着知识分子的活跃思想。科举考试把读书、应试和做官三件事紧密联系在一起，科举考试成为士人入仕的阶梯，成为他们取得高官厚禄的最好门路。因此，儿童从入学读书的第一天起，就怀揣“读书为了做官”的念头。“吃得苦中苦，方为人上人”“十载寒窗，一举成名，富贵荣华，锦衣玉食”“万般皆下品，唯有读书高”“两耳不闻窗外事，一心只读圣贤书”的人生哲学毒害着学校教育，束缚着知识分子的思想自由，影响着积极学习价值观的形成，导致功利主义读书目的论满天飞。在这种价值观驱使下，社会风气败坏，士人作风腐化，不利于社会的健康发展。

四、韩愈与《师说》

韩愈（公元768—824），字退之，谥号文公，世称韩文公，唐朝河内河阳人，由于世居昌黎，故又被人称为韩昌黎，晚年曾担任吏部侍郎。韩愈是唐代古文运动的倡导者，积极倡导“文以载道”的写作思想，被推为唐宋散文八大家之首，素有“文章巨公”和“百代文宗”之称，著有《韩昌黎集》。《师说》是其名篇之一，是其教育思想的集中体现。韩愈三岁丧父，由其兄韩会及其嫂抚养成人。由于韩会长于文墨，对韩愈影响很大。贞元二年，19 岁的韩愈赴长安参加进士考试，此后三考而不及第，直到贞元八年第四次应考时才考中进士。此后，他又连续三次参加吏部博学鸿词科考试，但都没有考中。直到 29 岁，韩愈才在汴州董晋幕府中谋得一个观察推官的微小官职，之后回长安担任四门学博士。36 岁时，韩愈担任了监察御史一职，但不久便因上书要求唐王考虑灾情而减免赋税一事被贬为阳山县令。宪宗年间，韩愈任职国子学博士，直到担任太子右庶子一职。50 岁时，韩愈因参与平定淮西吴元济之役而表现出处理军国大事的才能，被升职为吏部侍郎，进入朝廷上层统治集团，但两年后却因上表谏迎佛骨而触怒了宪宗，险些被处死，被贬为潮州刺史。在潮州期间，宦官谋杀了宪宗，拥立唐穆宗，韩愈被召回朝，以后担任过国子祭酒、兵部侍郎、吏部侍郎等职。韩愈不仅是一位举世瞩目的政治家、文学家，而且还是一位有所作为的教育家，他的许多教育观点为后人所传颂。

（一）论教师的任务

韩愈的主要教育观点在《师说》中体现得淋漓尽致，尤其是他对教师作用的论述被后人誉为经典。韩愈指出："古之学者必有师。师者，所以传道受业解惑也。"此处，"传道"就是传递儒家的道统，传授儒家的修身、齐家、治国、

平天下之道。“受业”，是指讲授古文典籍、儒家经典，教学生掌握一定的古籍文献知识，培养他们的读写能力、文学词句方面的技能。“解惑”就是指教师在教学过程中要帮助学生解答在学习中所遇到的困惑。韩愈认为：传道、受业、解惑是教师的三项基本任务，是教师教会学生学会做人、成人、成才的基本途径，故教师是卫道者。相对而言，韩愈更看重的是教师的传道任务，他认为受业、解惑是为传道服务的，教师不能忘掉自己的根本任务。韩愈重德育的教师观为后人所继承。

（二）论师与道的关系

韩愈对教师提出的标准非常严格，要求教师不断提高自己的素养与才德。韩愈指出：“生乎吾前，其闻道也，固先乎吾，吾从而师之；生乎吾后，其闻道也，亦先乎吾，吾从而师之。吾师道也，夫庸知其年之先后生于吾乎？是故无贵无贱，无长无少，道之所存，师之所存也。”其意即，教师是否够格，在于其所掌握的道理与知识的多少，而非看其出身、门第和年龄。无论社会地位是高或是低，年龄是长或是少，只要他掌握了“道”，掌握了知识，就可以当教师。学生跟从老师的目的是学习道理与知识，是为了接受老师所掌握的知识。因此，衡量教师的首要标准是“道”，这是教师能否胜任的根本条件，谁掌握了道，谁就可以担任教师这一职务。

（三）论合理师生关系的内容及建设

在“道”面前，师生之间相互平等，谁有学问，谁就可以当老师，师生之间相互学习是常事，正如韩愈所言，“弟子不必不如师，师不必贤于弟子，闻道有先后，术业有专攻，如是而已”。也就是说，教师可能在某一方面强于学生，但不一定在所有方面都强于学生，在某些方面教师不一定比学生高明多少，因此，教师要不耻下问。人无完人，金无足赤。克服“弟子必不如师，师必贤于弟子”的老观念，严格按照“道”的标准来确定师生身份具有其合理性。从某种程度上来看，教师只是闻“道”在先、术有专攻罢了，在学生面前教师不是永远的教师，如若不勤奋学习，教师有可能落后于学生。所以，向所有人学习，拜他们为师，是超过周围人的有效途径。“圣人无常师”“不耻相师”是人走向进步的道路。韩愈在《师说》中还举了许多不耻相师的例子，如孔子拜郯子（请教官名）、苌弘（请教音乐）、师襄（请教鼓琴）、老聃（请教礼）等为师，这没有什么羞耻的。倡导教学相长，实现师生共同进步，有利于推动教育事业持续向前发展。

（四）论人才选拔与培养的思想

在《马说》中，韩愈还专门论述了识别和培养人才的思想。韩愈认为，人才总是有的，关键在于能否对人才加以识别和扶持。在《马说》一文中，韩愈以千里马为喻来说明识别人才的重要性。韩愈指出“世有伯乐，然后有千里马。千里马常有，而伯乐不常有”。也就是说，有识马者才能发现千里马，如若没有识别人才的人，优秀人才就可能被埋没。因此，识别人才、选拔人才的官吏对于人才成长而言意义重大。同时，人才要发挥其才能，需要起码的生活条件和用武之地，把人才任用到与其才能相应的职位上去，是人才为社会贡献力量的条件。正确的人才培养方法是促使人才成长的重要环节。只有创造出有利于人才成长的社会环境，并采取科学的选拔方法与培养方法，社会所需要的各类人才才可能涌现出来，为国家发展大计服务。一句话，韩愈认为：人才并不难得，关键在任选者要善于识别人才，要有相应的扶持、培养人才的措施，充分发挥人才的才能与作用。

（五）论治学态度和学习方法

韩愈在《进学解》中集中阐述了他关于治学态度和治学方法的思想。他指出：“业精于勤，荒于嬉，行成于思，毁于随”，其意即学业的精深重在于勤奋，嬉戏游乐的学习态度必然会导致学业荒废；品行的端正在于独立思考，随波逐流的学习态度极易导致品行的堕落。韩愈要求学习者要口勤（多吟诵）、手勤（多翻阅）、脑子勤（多思考），通过勤奋的态度来求得学业的成功。在学习方法方面，韩愈也有自己独到的见解。他指出：“记事者必提其要，纂言者必钩其玄。”也就是说，在阅读事项类的书时要注意抓住要点，而在阅读言论类的书时要注意领会其精神实质。同时，韩愈认为，学业的精深要以广博的知识积累为基础，“兼收并蓄，待用无遗”是学业有成的必然途径。在博的基础上求精深，“沉浸浓郁，含英咀华”，细细品读文章的精髓，方能最终把握主旨，实现对文章的深入消化和理解。

五、柳宗元的新颖教育观

柳宗元（公元773—819），是唐代著名的文学家、哲学家和思想家，是“唐宋八大家”之一，出生于京都长安。柳宗元出身于官宦家庭，少有才名，早有大志。贞元九年柳宗元考中进士，贞元十四年通过吏部考试考中博学鸿词科，被授集贤殿正字。入朝为官后，柳宗元积极参与王叔文集团政治革新，被提拔到礼部员外郎一职。永贞元年，革新运动失败，柳宗元被贬为邵州刺史，后再被贬为永州司马，期间写下了著名的《永州八记》。元和十年春，柳宗元回到京师，不久又被贬为柳州刺史，在此期间政绩卓著。柳宗元不仅在文学方面业绩非凡，在教育方面也有自己的独到见解。

在哲学思想上，柳宗元信奉王充的朴素唯物主义论，反对消极出世，提倡积极改变现实；在政治观上，他有明显的民主化倾向，主张儒、佛、道三教调和的思想；在文学上，柳宗元积极支持古文运动，其文学作品中贯穿着强烈的现实主义精神；在教育上，其“顺木之天，以致其性”的个性成

长观为后世教育工作者所敬仰。

（一）“顺天致性”的儿童教育观

柳宗元认为：对儿童的教育应该顺从他们的天性，对之因势利导，使其天性得到充分的发展。柳宗元认为教育儿童的根本方法是“不害其长”，“不抑耗其实”，不违反学生身心发展规律。这是一种道家崇尚自然、无为而治的教育理念，表达了他对封建教育对儿童少年个性成长的束缚和戕害的严重不满。在《种树郭橐驼传》一文中，柳宗元谈到了一位种树能手郭橐驼，其经验诀窍非常简单，即“顺木之天，以致其性”。由此，柳宗元认为，天下万物的生长，都有自身的发展规律，只有顺应这一自然规律，才能收到积极的效果，否则外来干预举措不仅徒劳无益，还可能对事物的发展带来伤害。因此，只要营造了良好的生长环境，事物就会自然生长发育。借助于种树的知识与规律，柳宗元阐明了育人的道理。和种树一样，育人也要顺应人的发展规律与个性特点，为其提供最适合的教育，而不能凭着主观愿望和情感对之恣意干预和灌输。在教育中，个人立志教育也非常重要。他指出：“善言天爵者，不必在道德忠信，明与志而已矣。”其中，“明”就是明确自己的志向，“志”就是坚定不移、持之以恒，坚持下去。显然，柳宗元持一种自然主义的教育观，这对当代教育是具有极强借鉴意义的。

（二）论教育目的和教育内容

柳宗元认为：教育的目的是培养君子，是培养出能够坚持忠君、孝亲等正统伦理标准、符合“公之大者”政治要求的社会需要之才。君子的历史使命是“行道”，是“济世安民”，他既是人格高尚的人，又是内外兼修，内可以守其道、外可以行其道的杰出人士。君子如若能为国家所用，就应该施行治道，为国效力；如若不能得到任用，就应该居家修行，完善其身，修养德性，正所谓“穷则独善其身，达则兼善天下”。在教育内容上，柳宗元主张所有内容都要深究，即所谓“取道之原”，坚持事物的原本与真相，实现穷心尽理。故此，在教育内容的选择上，柳宗元主张以儒家五经为本，但不株守儒家之言，而要求对诸子百家采取兼容并纳、开放接纳的态度。柳宗元主张学习百家之言时，要开阔视野，学习者要坚持独立思考，反对盲目信古崇古，对古代文化遗产采取批判、吸收、借鉴的科学态度。

（三）论师道观

柳宗元对于师道发表了不少议论和见解，表达了他的师友关系观念。在《答韦中立论师道书》中柳宗元谈到：“孟子称，人之患在好为人师。由魏晋以下，人益不事师，今之世不闻有师，有则哗笑之以为狂人。”他呼吁社会尊师重道，复兴教育，克服魏晋以来的玄学空谈习气。在《师友箴》中，柳宗元又指出：“吾欲从师，可从者谁，借有可

从，举世笑之。吾欲取友，谁可取者，借有可取，中道或舍。仲尼不生，牙也久死，二人可作，惧吾不似。中焉可师，耻焉可友，谨是二物，用惕尔后。道苟在焉，佣丐为偶；道之反是，公侯以走。内考诸古，外考诸物，师乎友乎，敬尔毋忽。”在他看来，“师”与“道”是密切联系在一起的：不重师，道就会被抛弃践踏；道之所存之地，即使奴仆和乞丐也可以交朋友；而道如若不存，即使公侯也不一定要理睬他们。正所谓韩愈所言的“道之所存，师之所存也”。

师生关系是柳宗元师道观的重要内容。柳宗元对教师的要求十分严格，认为教师要有渊博的学识和高尚的师德。在教育活动中，师生之间应该“交以为师”，保持师生的关系的平等、取长补短、相互学习，不一定要把师生关系挂在嘴上。通过“交以为师”，师生之间就成为一种亲昵的师友关系，以师为友，只要谁的学识高就可以为师，不一定要把师生关系固定下来。这一师生关系论述体现出一种辩证思想，倡导一种民主、平等、动态的师生关系观念，值得后人学习。

（四）论学习观和修养观

柳宗元认为，学习的目的是“明道”，是引导他们走所谓的“大中之道”，儒家之“道”。“学以明道”“文以明道”是柳宗元的根本学习观。在学习方法上，柳宗元主张博采众长、奋志厉义。一方面，柳宗元是主张人要广泛学习，博采他人之长，在学习中努力将学习与批判、吸收与借鉴结合起来，实现对古代文化遗产的批判式继承。同时，在学习中又要“奋志厉义”，肯下功夫，不断修炼自己的德性与修养。

六、教育故事集锦

在隋唐时期，参加科举考试步入仕途是所有知识分子梦寐以求的事，然而，大诗人李白为什么没有参加科举、步入仕途？这的确是一件令世人不解的事情。

李白为何不参加科举考试

考察李白的生平，有件事令人大为不解——为何他终生不参加科举考试？当然，李白自己说：我是天才，天才哪有参加考试的？果真如此吗？

作为唐代的读书人，不去参加科举考试，这是不可想象的事情。唐代文人要出人头地，通常有两条途径：你若是王公贵族的后人，便可享受官府的特殊照顾；如果你不是这个出身，又想上进，就只能借助考进士这唯一一条正规途径。

唐代的进士文化，对这一时期诗人的人格影响巨大。哪些人作诗作得雍容华贵，哪些人诗写得苦大仇深，都跟考进士有关。像王维那样一考就中的，诗肯定写得雍容华贵。诗写得苦大仇深的，要么是没考上，要么起码是经过

多次应试才考上的。杜甫的诗为什么苦大仇深，与他考了两次都没考上很有关系。孟郊更惨，为了考进士倾家荡产，把家具都典当了，“借车载家具，家具少于车”（《借车》），多伤心啊！孟郊46岁终于考上进士了，心花怒放地写了一首《登科后》：“昔日龌龊不堪夸，今朝放荡思无涯。春风得意马蹄疾，一日看尽长安花。”

当时的背景就是这样，普通人家的读书人必须走科举考试这条路才能当官。李白为什么不走？当然他有自己的说法：我是天才，我懒得考进士。但这是托词，其实李白有难言之隐，他根本没资格参加科举考试。这跟他的身世有关。

在唐代，不是什么人都能参加科举考试的。按照唐朝的惯例，商人的儿子是不能参加科举考试的。唐代考进士，先要通过资格审查。审查的时候，要注明“郡县乡里名籍”，就是要注明你是哪个地方的人；还要注明“父祖官名”，就是父亲、祖父的名字与职位；此外还规定，如果家里是做买卖的，或者关系比较近的亲属是做生意的，就不能来考进士。当然，罪犯的后人更没有资格。

李白的身世，恰好两条都占了：一是罪人之后，二是商人之子。想考进士，连门儿都没有。既然科举考试的资格都被剥夺了，那么为什么还要奴颜婢膝地求索？天才李白绝不会这么干。他就说：你不让我考，我还看不起进士考试呢！我不考科举，照样可以成名成家，让你皇帝老儿亲自把我请过去。

这就是李白没有参加科举考试的原因。

第四章

完善：宋元时期的教育

宋元时期是中国古代教育日益完善的一个特殊时期。几次兴学活动使宋朝全国具有了自上而下的各级学校，府学、州学、县学、社学日益完备，蒙学开始走上了理性化、科学化的发展阶段，书院教学活动走向了制度化的道路，一批有重要影响的书院诞生，揭开了中国古代教育发展的新篇章。

宋元时期是中国古代教育日益完善的一个特殊时期。几次兴学活动使宋朝全国具有了自上而下的各级学校，府学、州学、县学、社学日益完备，蒙学开始走上了理性化、科学化的发展阶段，书院教学活动走向了制度化的道路，一批有重要影响的书院诞生，揭开了中国古代教育发展的新篇章。

宋元时期的教育

显德七年春节，后周的殿前都点检——赵匡胤发动了“陈桥兵变”，被手下黄袍加身，拥立为天子，周恭帝被迫逊位，这就是宋朝的开端。建隆二年七月与开宝二年十月，宋太祖赵匡胤“杯酒释兵权”，将手握重兵的将军与地方官吏武将的军权予以剥夺，委以虚职，并改以文官带军，逐渐将权军与财政大权全部集中到中央，从而避免了唐朝后期藩镇割据局面的出现。因此，在政治上，宋朝采取了重文轻武的施政方针，缓和了社会矛盾。

宋朝分为北宋与南宋两个时期。公元 1127 年，宋徽宗、宋钦宗两个皇帝被金人掳去，迫使宋室南迁，这就是南宋。公元 1276 年，忽必烈攻破南宋都城临安，宋朝亡国，宋恭帝被俘。之后，宋朝大臣文天祥与张世杰、陆秀夫等继续在东南沿海坚持抗击元朝，拥立益王赵昰为帝。赵昰死后，又拥立卫王赵昺，继续抗战，直到公元 1278 年，文天祥兵败被俘，被囚于大都三年之久，拒绝元朝的诱降，从容就义。公元 1279 年，元将张弘范指挥元军在崖山消灭了宋朝最后的抵抗势力，陆秀夫背着 8 岁的幼帝赵昺投海殉国，宋朝至此灭亡。

在宋朝亡国前夕，公元 1206 年蒙古族首领成吉思汗建立蒙古汗国。公元 1271 年忽必烈即位，改国号为“大元”，取自《易经》中“大哉乾元”之意，建立了元朝，成为中国历史上第一个由少数民族建立并统治全国的封建王朝。公元 1279 年忽必烈统一全国，疆域宽广，今天的新疆、西藏、云南、东北、台湾及南海诸岛，都在元朝统治范围之内。公元 1368 年，元朝政权被朱元璋推翻。北迁的元政权退居漠北，仍沿用大元国号，与明朝对峙，史称“北元”。

宋朝是中国历史上经济与文化教育最繁荣的时代之一，儒学复兴，理学兴起，社会上尊师重教之风盛行，社会政治也较开明廉洁，没有出现过严重的宦官乱政和地方割据现象。

宋代政府大兴水利，大面积开荒，又注重农具改进，故农业发达；丝、麻、毛纺织业和手工业也非常发达。元朝在政治经济上有很多创新，确立了行省制度，是中国行政制度史上的一大变革。元朝采取“民分四等”政策，把全国人民分为四等：一等是蒙古人，二等是色目人，三等是汉人，四等是南人。蒙古贵族处于最高统治地位，这种政策维护了蒙古贵族的特权。在民族文化上，元朝统治者采用了相对宽松的多元化政策，他们既尊重国内各民族的文化和宗教，又鼓励各民族进行文化交流和融合，甚至还包容和接纳外国文化，欧洲著名历险家马可·波罗曾被封为大元的重要官员。

一、宋朝的“重文”教育政策

北宋王朝是在结束近二百年的分裂割据之后建立起来的一个中央集权国家。鉴于唐末、五代时期各地节度使拥兵自重、割据称雄迫使王朝灭亡的教训，从宋太祖赵匡胤开始，宋朝就确立了“兴文教、抑武事”的文教方针。同时，长期的动乱与割据使儒家正统的纲常伦理沦丧，文化教育设施遭到严重破坏，成为恢复封建统治秩序的直接障碍。为此，北宋王朝在建立初期采取了一系列新的政治、经济、军事、文化等措施，不断降低武职官员在朝廷中的地位，把尊孔崇儒作为治国的指导思想，努力恢复伦理纲常，促进文化教育事业的繁荣。这些政策与措施主要包括五个方面：

（一）抬高文人的政治地位，实行重文偃武的文化政策

北宋建立初期，为了加强中央集权，宋王朝采用了削弱武将兵权、任用儒臣执政的统治策略，防止兵变给社会带来混乱。一方面，从中央到地方，宋王朝实行以文治军，重用文人儒臣的政策；另一方面，重振科举制度，增加录取名额，以鼓励读书士子奋发进取，确保社会秩序稳定。科举取士制度是稳定人心，扩大社会统治基础的良策，是维系宋朝社会稳定的精神柱石。为此，宋朝统治者通过科举大量取士，致使宋初每科录取人数之多，大大超过了前代。

（二）尊孔崇儒，复兴经学教育

为了推行重文偃武政策，宋代统治者大力推行尊孔崇儒政策，采取各种措施提高儒学的地位，措施主要有两个：

首先是恢复、重修各地被战乱毁坏的文宣王庙，尤其是东京、长安、曲阜三地的文宣王庙。北宋初期，各地孔庙在唐末、五代的战乱中大多被破坏，沦为废墟，破败不堪。为此，宋太祖一上台就诏令各地修葺文宣王庙祠宇，并亲自撰赞文，表彰孔子、颜回的伟大功迹。公元 962 年，宋太祖命国子监增葺祠宇，塑绘先圣、先师像，设置《开成石经》，完善藏书的库府、堂宇，并命人镌刻石经——《重修文宣王庙记》。

其次是祭孔、封孔，封赐孔子后裔，提高儒士的社会地位。宋太宗即位后，在公元 983 年明确规定，选用的人才

“须通经义，遵周孔之教”，竭力提高儒士的地位。同时，宋太宗还于公元 976 年打破科举惯例，诏赐孔子后裔孔士基，以此作为褒奖先圣后裔的象征。次年十月，宋太宗又正式赐封孔子后裔孔宜袭文宣公爵位，官拜右赞善大夫，并恢复周显德年间形成的历朝优待孔氏的惯例，免除孔宜家族租税，提高孔家的社会地位。宋真宗于公元 1008 年，加谥孔子为“玄圣文宣王”，公元 1012 年改封为“至圣文宣王”，并撰写《崇儒术论》，并命人校定儒经，颁行天下，作为官方的指定教材。同时，宋真宗还自称在东京讲《尚书》七遍，《论语》《孝经》各四遍，并要求宗室诸王都要学习儒经。在宋咸平三年至四年，宋真宗又诏令国子监祭酒邢昺等儒士校定《周礼》《仪礼》《公羊传》《谷梁传》等儒经，并加上了《礼记》《孝经》《论语》《尔雅》和《孟子正义》等合称《十三经正义》，颁行天下，作为法定教材。宋真宗还亲自赴曲阜祭孔、封孔，将宋初崇儒尊孔的活动推向了高潮，开启了崇儒的新风，对于儒学地位的重振产生了重要影响。

（三）重视佛教道教

宋朝在崇儒的同时并不排除佛教与道教的存在，对它们采取了保护、宽容的政策。宋真宗在撰写《崇儒术论》的同时，又做了《崇释论》，有意把佛教作为辅助儒学的统治工具。同时，宋朝统治者在加封孔子的同时也对道教大加提倡，宋真宗时曾封老子为“太上老君混元上德皇帝”，命人续修道藏、搜编道书4300卷，弘扬道教。宋代重文政策的实施，进一步促进了儒学、佛学、道教之间的融合与交汇，为宋明理学的产生和发展准备了条件。

（四）崇尚理学

在宋朝推行儒、释、道三教融合的文教政策背景下，儒学走上了改造和发展的道路，出现了一批儒学大师。宋仁宗时期，一批名儒大师以孔孟儒家学说为主，在吸收释、道诸家之长的基础上建立了新儒学——理学。其中的代表人物是周敦颐，他提出了吸收佛、道入儒的理论，并将佛、道之禁欲主义与儒学的服从封建纲常的观念结合起来，倡导人们安贫乐道、清心、寡欲。之后，经过张戴、程颢、程颐等人的发展，理学初步形成。到了南宋时期，朱熹从理论上使之系统化，最终成为理学的集大成者。公元1212年，官方开始将朱熹的《论语集注》和《孟子集注》正式确定为官学学生必读之书。至此，朱熹理学成为宋朝官方统治政策的基石。

（五）大力兴办图书文化事业，鼓励地方州县创办学校

图书文化事业是学校教育的基础，是宋朝文教政策落实的基础工程。宋朝从一开始就崇尚文治，大力发展图书文化事业。公元966年，宋太祖下诏求书，要求地方积极贡献图书。凡献书的人，可参加学士院考试，如果能够胜任官吏的就委以官职，或赐予科名。建隆年间，宋朝设立了“三馆”，即昭文馆、史馆、集贤院，收藏图书一万二千余卷，公元

978 年又建立书馆，赐名崇文院，藏书总数达到了八万余卷。公元 993 年宋朝又建藏书阁，专门收藏“三馆”中的正本及古画墨迹。宋朝藏书数量在几十年中突飞猛进，以国子监为例，宋初藏书仅四千多卷，而到了宋真宗年间，其书库藏书已经达到了十万余卷，可见宋朝图书文化事业的繁荣与发达。

与此同时，由于雕版印刷术的广泛应用，宋朝时期的书籍量激增，为此，皇帝时有赐书举动。宋朝初期皇帝还常把经籍图书赐予地方书院或学宫，鼓励生徒完成学业。例如太平兴国二年，皇帝下诏国子监赐白鹿洞书院以《九经》，景祐元年下诏把国子监刊印的《九经》赐予永兴军府学，咸平四年又把国子监印制的《九经》赐予岳麓书院等等，以此来鼓励学院生徒完成学业。同时，为鼓励地方学校的发展，宋朝统治者还采取了一种新方式，即赐学田，变相地为地方学校赞助经费，间接控制地方学校的发展。宋仁宗于公元 1020 年赐兖州学田五顷，首开朝廷直接向地方官学赐拨学田资助地方学校发展的先例。此后，朝廷先后向京兆府学、永兴军学、陈州等数十个州学和书院赐拨了学田，学田逐步成为宋代以后地方官学办学经费的主要来源。

二、改革科举制度，提高科举考试的公正性

完善科举制是宋朝文教政策的基点之一，其主要用意是牢牢地控制住知识分子的思想，实现社会主流意识形态的高

度统一，最大化地减少社会动乱。在宋朝，科举制度日益定型，但在发展中由于作弊现象的出现以及科举考试制度自身的缺陷，宋朝统治者开始着手于科举制的完善，以充分发挥其社会控制功能。这些举措主要有以下两个方面：

（一）改革科举制度，扩大科举录取名额

为了保证科举制的公平性，宋初统治者采取了一系列举措抑制士家子弟，以广开出身寒门优秀者的仕进路途，以此来鼓励世人读书进取。宋初，宋太祖登基后就开始调整科举考试制度，主要包括以下内容：废除公荐，扩大科举取士的范围；禁止考生说出自己的师门或恩门，统一自称门生；确定了殿试制度，采取了别试、糊名、弥封、誊录、锁院、唱名及进士同保连坐等制度，全力消除作弊现象。所谓“别试”，就是对那些与考官有亲属或亲近关系的考生实行另行开场考试、考官与考题另行安排的做法，以降低人情关系对科举考试公正性的影响。“誊录”，就是指考生交卷后，先由弥封人员将考生的姓名密封起来，再由誊录人员将试卷内容原封不动地誊录出来，再将誊录的试卷交给阅卷人评阅，以此防止评卷人员熟悉考生的字体而作弊。通过实施这些手段，评分人员的判卷就变得比较客观了。这些改革措施有力限制了士家子弟徇私舞弊、倚仗权势把持科场现象的发生，使得科举考试在竞争形式上充分体现了平等原则，一大批寒门俊异之士取得了平等步入仕途的机会。

在科举考试的内容及录取方式上宋朝也对科举制采取了重大改革。在宋初，科举考试的内容除了诗赋之外，经义占有重要的比重。王安石变法时，废除了科举考试中的帖经、墨义、诗赋等传统科目，改试经义、策论，强调考查考生对儒家经典的理解和文笔水平，科举考试的内容日趋实际。在宋朝科举考试各科目中，首先是进士科，其次是九经科。公元963年，宋太祖废除九经“一举不第而止”的旧制度，允许不第者可以再考，以此拓宽了经学之士的仕进途径。在此情况下，许多优秀学士通过九经科步入仕途，成为著名的经学大师，如宋朝著名的国子监祭酒邢昺、孙奭、孔维等人就是通过九经科及第的。

在改革科举程式内容、鼓励平等竞争的同时，宋朝统治者还加大了科举取士的名额。公元960年，宋太祖科举取士录取人数只有十九人，到了公元973年录取总人数总共也只有三十六人。而到了宋太宗年间，科举录取比例大幅度增长。以公元977年为例，殿试录取进士一百零九人，其他科录取二百零七人，其他途径录取了一八十四人，合计五百多人，大大超过了历史上的任何一次科举考试。与之相应，随着录取比例的增加，报名参加科举考试的知识分子也逐年增加，宋太祖时每年约有两千人参加，宋太宗时每年增加到了五千三百人，而到了宋真宗时期，则增加到了两万余人。[①] 科举制的改革大大刺激了封建知识分子的求学热情，科举制度日益成为宋朝庶族人步入仕途的重要门途。

（二）提高科举考试的地位

在隋唐时期，科举取士名额少，且及第者还要通过吏部考核才能最终被授官，故参加科举只是寒门子弟进入仕途的一条“门缝”而已。到了宋朝，科举及第的进士不仅享有无限荣耀，而且还可以立即被授官，考试等级越高，官职越高。据统计：宋仁宗年间一共举行过十三次科举考试，其中被取中一甲的共有三十九人，后来官职没有达到公卿的仅有五人。在这种情况下，参加科举考试就成为封建知识分子步入仕途的主要途径，这就使得全社会各阶层人士热衷于科举考试，科举的社会地位被大大提高了。

三、大力兴学，改革太学，发展各类学校

北宋时期，为了落实重文的文教政策，从宋初开始统治者就采取了一系列的兴学活动，大力发展地方学校，北宋中叶的三次“兴学”活动最具代表性。这三次兴学活动分别是：庆历兴学、熙宁兴学和崇宁兴学。

---

① 何忠礼：《科举制度与宋代文化》，《历史研究》，1990 年第 5 期。

（一）庆历兴学

庆历三年，即公元1043年，范仲淹任参知政事，主持朝政，在此期间他积极筹划兴学活动。当年九月，范仲淹向朝廷上奏了《答手诏条陈十事》，提出了庆历新政的纲领，其中前四项主要涉及文教事业改革。在范仲淹的推动下，宋祁、欧阳修等人也上奏要求兴学育才，发展各级学校。本次兴学活动的内容主要有以下三点：

其一，要求州县设立学校，立属官或平民中有才学的人担任教师。同时规定，凡想参加科举考试的学子必须在地方官学中至少学习三百天方可应考。这一做法的目的是鼓励地方学校的发展，防止科举考试制度流于形式。

其二，复兴太学，建立四门学，聘请著名学者，推广胡瑗的“苏湖教法”。根据范仲淹等人的建议，太学应选用那些拥护新政的著名学者，如石介、孙复等人主持太学的教学活动。石介、孙复、胡瑗等人都是宋初的著名学者，是北宋时期著名的教育家，由他们主持太学教学活动有助于提高太学的声誉。所谓“苏湖教法”，是指学者胡瑗早年在苏州、湖州两地的州学中采取的一种教学方法，其特点是：反对重视诗赋声律的学风，提倡经世致用、“明体达用”的实学。其具体做法是：在教学中设立经义斋和治事斋，实现分斋教学的制度。其中，经义斋主要学习六经经义，倡导“明体”之学；治事斋又被细分为治民、讲武、堰水、历算等科目，倡导“达用”之学，学生可以主修一科，兼学其他各科。这种教学方法对于摆脱空虚无用的学风大有裨益，是宋朝在教学制度上的重大创新。同时，为了扩大庶民子弟的入学机会，太学还增设了四门学，允许八品至庶人子弟入学，以此为小地主阶级和庶民子弟入学提供方便。

其三，改革科举考试方法，实现先策论，后诗赋，注重选用实用的政治人才。

庆历新政的实施只有一年多的时间，最终在旧官僚权贵集团的强烈反对下告以失败，庆历兴学也随之宣告失败。

（二）熙宁兴学

宋神宗继位后，政治改革的形势再次出现，关于变科举、选人才、兴学校的主张再次被社会关注。在此形势下，著名文学家、政治家王安石在熙宁年间主持了兴学活动，对宋朝学校教育的发展产生了重要影响。早在公元1058年，王安石就向宋仁宗上奏了《上仁宗皇帝言事书》，要求改革文化教育、科举吏治方面的弊病，并提出了“教、养、取、任”的人才培养与选拔纲领。所谓“教”，就是建立各级各类学校系统；“养”是指给各级人才以合理待遇，并用道德规范、法律制度来约束他们；“取”就是选拔人才，严格考核，委任以官职；“任”就是任用人才，使其发挥专长。宋神宗熙宁二年，王安石担任了参知政事一职，主持变法大计，开展了兴学活动，主要内容如下：

其一，改革太学体制，实施“三舍法”。在太学实施三舍法是王安石教育改革的一大创举，其做法是：将太学生员分为外舍、内舍、上舍三个等级，对生员进行严格考核，并根据其学业程度依次升舍。初入学为外舍生，是最低等级的生员，定额为七百人。外舍生员可以依次升入内舍，内舍生定员为二百人；内舍生员可以依次升入上舍，太学上舍生定员为一百人。升舍考试是太学制度的核心环节，主要考核生员的品行和学业。考核分为三种：平时的考查记录、每月由任课教师举行的“私试”和每年由学校举行的“公试”。如果每年考试和平时的考核合格，外舍生可升入内舍；如果通过每两年由官府与学校共同主持的上舍试，且平时考核合格的内舍生可升入上舍。上舍生可兼任学正、学录等官职，其中学行卓异者，还可由太学主判、直讲推荐给中书，直接授官。其他学生根据学业成绩，可得到免发解、免省试等优厚待遇。

其二，颁布《三经新义》作为官方的统一教材。熙宁六年，宋朝设立了经义局，王安石亲自修撰《诗》《书》《周礼》等三经的经义，并由朝廷正式颁行，以之作为官方考试、讲经教学的法定依据。

其三，开办专门学校，培养具有一技之长的专门人才。熙宁五年，宋朝政府恢复了武学，熙宁六年设置了律学，以后还设置了医学，并招募生员，为社会培养专门人才。

最后，扩建、整顿、兴办地方官学。当时宋朝专门设立了由中央政府直接任命的诸路学官，专门负责管理地方学校教育。同时，为了保障经费，朝廷给地方官学补充了学田，保证了地方官学的办学经费。从而在物质条件上为州县学校提供了保障。

（三）崇宁兴学

到了宋徽宗登基后，先皇宋神宗的一些施政方针得到了继承。崇宁元年，即公元1102年，尚书右仆射兼门下侍郎蔡京奏请兴学贡士，朝廷随后发布了一系列诏令，其中就包括兴学活动，史称“崇宁兴学”。这一兴学活动大致包括四方面的内容：

其一，扩建太学，扩招名额。崇宁元年，位于京城南郊的太学被赐名“辟雍”，建设房屋一千八百七十二楹，作为教学之用，太学专门负责上舍生、内舍生的教学活动。同时，允许诸路的贡士也可以入太学学习，经考试合格后还可以补入太学的上舍和内舍。在此情况下，太学的规模日益扩大，上舍名额增加到了二百人，内舍名额增加到了六百人，外舍名额增加到了三千人。

其二，要求各州县普遍设学。按照规定，在县学内设置小学，在各地方官学中也要实行三舍法。就其相互关系来看，县学生可升入州学，州学生可升入太学，由此形成了遍布全国州县的学校教育网络。

其三，以学校教育取代科举取士。随着各级各类学校的广泛设立和三舍升级制度的普遍推行，崇宁三年宋徽宗下诏罢科举，要求所有士人都通过学校升贡的方式产生，并于次年授予上舍生以官职。但此举并未实施到底，以后又继续进行科举制，与三舍法选士制度并行。

最后，兴办各类专门学校，选拔实用人才。崇宁三年，宋朝设立了书学、画学、算学等专业学校，也采用太学三舍法取士，专门学校日益成为宋朝实用人才的重要培养机构。

四、宋代的官学教育制度

经过三次兴学活动，宋代的学校教育制度逐渐完善并形成了相对完整的学校教育网络。总体来看，宋代的学校教育制度系统由中央官学和州县地方学校构成。其中，中央官学的主管教育行政部门是国子监，其所辖的中央官学有：国子学、太学、四门学、广文馆、武学、律学、小学等；宋朝的专门学校隶属于中央各局管辖，这些学校有医学、算学、书学、画学等。另外，宋朝中央官学还包括直属于中央政府管理的资善堂、宗学、诸王宫学、内小学等。宋朝地方官学主要包括州学、府学、军学、监学、县学，诸路提举学事司是这些学校的行政管理机构。

（一）中央官学

宋朝的中央官学主要有以下教育机构：

1. 国子监

在宋朝，国子监兼具两种职能，一个是国家级学校管理机构，一个是国家的最高学府。国子监专门招收京城七品官员以上的子弟，学生被称为国子生或监生，开始生员没有定额，后来确定了二百人的上限。国子生属于社会特权阶层，不用参加学校的考试。在国子监中设有判监事二人；总管监事、直讲八人，主要讲授经术；设有丞簿和专管刻书之责的书库官和监门官各一人。

2. 太学

太学是宋朝教育改革的重点，它招收八品以下官员的子弟和庶民中的俊异者。在宋朝中期，太学逐渐取代国子监而成为国家最高学府。太学中实施王安石创立的“三舍法”，一般为上舍生二百人、内舍生六百人、外舍生三千人，太学生按斋编例，每斋约三十人。太学的教材主要是儒家经典，但较为注重经义。从太学的人员编制来看，一般设博士十人，专门负责太学生行、艺方面的教育教学。太学考试方法多样，主要有一月进行一次的私试和一年举行一次的公试两种，考试的内容主要是经义和策论。

3. 专门学校

宋代中央下设的专门学校主要有六种，由国子监和各职能部门负责统辖。律学在熙宁六年设立，隶属于国子监，入学资格为命官和举人，细分为断案及律令两科，律学设博士两人，掌传授法律及校试之事，并设学正一人；算学建立于徽宗崇宁三年，隶属于太史局，入学资格为命官和庶人，主要学习《九章》《周髀》《海岛》《孙子》等算学经典；书学设立于徽宗年间，隶属于翰林书艺局，学习篆书、隶书、草书三种字体以及《说文》《尔雅》《论语》《孟子》等经典；画学也设立于徽宗时期，隶属于翰林图画局，学生除修习绘画外还要修习《说文》《尔雅》《方言》《释名》等经典；医学设立于宋初，隶属于太医局，主要分为方脉科、针科、疡科三科，设立博士、学正、学录各四人，实行分科教导；武学设立于宋仁宗时期，学生主要修习诸家兵法、弓矢骑射等武术，一般设博士两人，掌以兵书、弓马、武艺训诱学者，又设武学学谕两人，协助武学博士。

4. 贵胄学校

该类学校由中央政府设立，主要有资善堂、宗学、诸王宫学、内小学等，专门为宗室子孙所设置，学生入学年龄一般为8—14岁。

（二）地方官学

宋代地方官学主要由州（府、军、监）学和县学两级组成。州学、府学设立于仁宗庆历四年，规定凡学生在二百人以上可设置县学。崇宁兴学其间，宋朝“增县学弟子员，大县五十人，中县四十人，小县三十人”，一般州学配置专职授业教授二人，县学则配置一人。教学内容是经义和诗赋。

在宋朝，地方官学在许多方面都较前朝有所改进：

其一，在学校行政管理上，专门设置了主管地方教育的行政长官——各路提举学事司，主要负责考查教师优劣与学生的出勤学习情况。

其二，在教学管理上，宋朝通令全国所有学校均采用“三舍法”和分斋教学制度，实行优胜劣汰、分科教学的管理制度。

其三，建立县学、州学与太学之间互通的教育系统。宋哲宗元符二年规定：县学生选考可升入州学，州学生可通过贡选的途径进入太学学习。

其四，地方官学有了稳定的经费保障。宋朝官府拨给各官学以学田，保障其日常经费。

最后，建立起了比较健全的教师管理制度。教师的选用相当严格，一般采取地方荐举和朝廷任命两种形式。在教师的选用上创立了“教官试”，建立起授予教师资格的严格制度，提高了教师任职水准。还实行严格的教师考核制度，规定“教授以三年为一任”，任期满后要考核，个别成绩优异、教导有方的学官，允许再任职一个周期，但不能超过两任。

五、宋元时期的书院

书院在唐代原本是官方修书、藏书的专门机构，类似于皇家的图书馆。到了唐末及五代时期，由于战乱频繁、仕途险恶，一些饱学之士不愿做官，遂隐居山林或乡间潜心读书讲学，并吸引一些有识之士前来求学，随之，书院具有了讲学授徒的新功能，“书院”由此而得名。北宋初期，书院开始兴旺起来，其规模和数量迅速扩张，最终发展为宋代私学教育特有的教育组织形式。在宋初，书院集藏书、校对与教学、研究为一体，担负着多项文化教育功能，随着大儒名师的云集，书院在宋朝日渐兴盛。

（一）宋初书院兴起的原因

书院之所以在宋初兴起，是多种原因所致，但其主因有以下五点：

首先，唐末五代官学衰落、学校失修，学者难得合适的求学之所是一大原因。在唐朝末期，战乱、藩镇割据等使官府无力扶持官学的发展，许多学者只好求助于民间私学。随之，许多学者创建了书院这种独特的教学形式来满足学者读书求学的渴望。

其次，宋初官学不振与科举日益昌盛之间形成了鲜明对比，大大激发了士人的求学热情。在此情况下，士人想求学却无学可上，书院便应运而生，书院解决了官学不足的问题，满足了广大学子对学习场所的迫切需要。

第三，宋朝官府鼓励民间办学，大力弘扬儒家经术。宋初实施了崇文偃武的政策，以实现以文治国的方略，大力抬高儒术的地位，但国家一时却无力创办大量官学来适应政治的需要，由此朝廷通过多种手段，如赐书、赐匾额、赐学田等方式对书院给予多方面的表彰和赞助，以此大力推动书院的勃兴。在宋朝，各大著名书院几乎都得到过朝廷的褒扬与表彰便是例证。

第四，书院的兴起还受到了佛教禅林思想的影响。佛教喜好僻世遁俗、潜心修行，佛家弟子常常选择环境僻静优美的山林名胜之处建立寺庙，用于修行。佛教禅林集藏经、研经、讲经于一体，有利于高深学问的发展，这种做法对书院教学制度产生了直接的影响，书院的讲会制度便是这种思想的产物。

最后，印刷术的发展为书院提供了丰富的学习资料。在宋朝，印刷术的应用使书籍成为人人可得的东西，这就为书院的藏书、讲经活动提供了基础。

（二）宋朝书院的发展

在宋朝，书院的发展大致经历了以下四个阶段：

第一个阶段，萌芽时期。书院始于五代时期，学者窦禹钧在担任州郡支使判官、后周户部郎中时曾在自己家的南面建立过一所书院，拥有房间四十多间，藏书几千卷，聘请当时著名儒士任教，他的五个儿子都在这里学习，几乎全部科举及第，使书院引起了世人的注意。到了宋朝，宋太祖到宋仁宗时期，宋代书院教育延续了五代书院教育的模式继续发展，但数量较少，全国不过十余所。这些书院的情况都很不稳定，兴废无常。在该时期既出现了官办书院，也出现了私人所立的书院。宋太祖开宝九年，知潭州朱洞和通判孙逢吉兴办的北宋著名四大书院之一——岳麓书院，有五个教室，五十二间房子，但不久停办。咸平二年，李允则重建了这所书院，招收学生六十多人，咸平四年朝廷赐予岳麓书院儒家经典和注疏，以及《史记》《玉篇》《唐韵》等书籍，书院再度兴起。五代时期就存在的白鹿洞书院于太平兴国五年被移交给官府，成为一所官办书院。在此时期，私立书院有两类：一类是士人建立的，由创办者亲自执教，这类书院一般经济条件较差、规模较小，如侯遗开办的茅山书院；一类是富家大族开办的书院，如南康洪氏创办的书院，条件优越。

第二个阶段，沉寂时期。宋仁宗中期到宋高宗时期，宋代书院教育进入了沉寂阶段。在该时期，由于社会矛盾激化，宋朝统治者非常重视学校教育，因此州学、县学大批涌现，士子求学多到官学，各地书院随之迅速衰落。尤其是经过了兴学活动，宋朝的学校教育网络完备，形成了完整的地方学校系统，加之书院没有统一的管理制度，经费没有保障，于是走向沉寂。官府甚至将一些书院改成了州学，如公元1036年，官府将私立的石鼓书院改为衡州的州学。到了熙丰年间，宋神宗、王安石发动了教育改革，遭到广泛的反对，朝廷决定进一步发展和控制太学和州学，以培养拥护改革的官员。

此时，朝廷为了统一士人的思想，利用政权的力量削弱书院和县学，支持拥护改革的教授所主持的州学。崇宁三年正月宋朝朝廷宣布，只有州县学和太学的学生才能参加科举，给书院沉重的打击，致使书院一度一蹶不振。

第三个阶段，复兴时期。孝宗到光宗时期，书院进入了复兴时期。在该时期，由于汉唐时期的儒经注释显得过时，许多思想家纷纷批判旧观点，对儒家经典提出新解说，进而形成了许多学派，王安石的学说就是其中之一。为了统一思想，宋神宗把王安石的学说定为正统理论，压制其他经学学派，而理学则被视为异端，理学家随之遭到了排挤。到了宋孝宗、宋光宗时期，朝廷对理学的态度有所转变，放宽了对理学的政策，南宋的理学大师朱熹、陆九渊等就出现在这一时期。他们和理学的信奉者们纷纷修复和建立了一些书院，作为传播理学的基地，由此带来了理学的复兴。乾道元年，刘珙在潭州任官，在废墟上重建岳麓书院，请平民理学家彪居正担任山长。绍熙五年五月至八月，朱熹来该州任官，亲自到岳麓书院视察，对教学提出了改进意见，又派自己的学生黎贵臣到岳麓书院担任讲书，以此来扩大理学的影响。在淳熙六年初至淳熙八年三月期间，朱熹担任路级行政长官，他一到任就调查白鹿洞书院的情况，不久找到书院的遗址，下令马上重建，书院迅速落成。他亲自担任书院的“洞主”，制订了著名的《白鹿洞书院揭示》，提出了书院的教育方针和教学制度，聘任著名学者任教，书院的名声随之大振。

第四个阶段，鼎盛时期。嘉定时期至宋末是宋代书院教育的鼎盛时期。开禧三年十一月，金朝大军入侵，宋宁宗改变了原来的统治政策，开始将理学视为朝廷的治国理念。过去受到压制的理学家和信奉理学的官员便积极进行书院建设，全国书院迅速发展，数量和规模超过历史上任何一个时期。宋理宗时期，理学被定为唯一的正统学说，受到统治者的大力推崇。宋理宗大力支持书院建设，亲自为许多书院题写了院名，发展书院教育成了地方官员博取政治资本和名誉地位的重要手段，官办书院很快遍布全国。据记载，该时期几乎每个州都有一所官办书院，有的州甚至还建立了两三所书院，社会上创办书院蔚然成风。随后，朝廷将书院纳入到了全国的官办学校系统中，并从景定元年开始，向每个州派出一名通过科举考试或从太学毕业的官员赴任书院山长一职。在此情况下，书院和各地州学教育之间没有多大差别了。到了南宋后期，私立书院迅速发展，但无法与官办书院相抗衡，官办书院依然是书院教育的主流。而且，在该时期私立书院出现了官学化的倾向。如永丰县士人黄惟直开办的龙山书院在管理上一味模仿官办书院，以培养学生参加科举为直接目标，这就使私立书院失去了其自身特色。

（三）书院的教学管理制度

在书院中，一般而言，主持人是书院组织管理的负责人和日常教学工作的承担者，书院主持人一般被称为山长、洞主、院长、堂长、教授等。到了南宋，书院规模日趋庞大，组织机构日益复杂，较大的书院开始增设了副山长、副讲、助教等职位。书院中专职管理人员较少，一般由学生担任或轮流担任管理职务。在元代以后，书院被官学化，书院的山长开始由礼部、行省或宣慰司来任命，书院的许多主要职位，如直学、教授、学正、学录等也要由政府批准任命。在宋朝书院中，教材主要是“四书”（《大学》《中庸》《论语》《孟子》）和“五经”（《诗》《书》《礼》《易》《春秋》）。书院的教学方式具有多样性，以学生的自学为基础，鼓励学生读书、自修，开展钻研探索。这种教学形式有三大特点：一是分斋学习，二是采取集体讲授与个别指导相结合的方式，三是创立了讲会制度。公元 1181 年，朱熹邀请陆九渊赴白鹿洞书院讲学，首开书院“讲会”之风。实际上，讲会制度是古代的一种重要学术研究制度，它推动了古代学术研究活动的繁荣。在对学生的管理上，宋代书院制定了严格的学规。所谓“学规”，是指一所书院教育活动的总纲领以及学生在讲学活动中遵循的基本规范，其主要规定的内容是：书院的培养目标、学生进德修业的基本要求守则。在宋朝书院学规中比较有名的是朱熹制订的《白鹿洞书院揭示》，其中阐发了对人、为学、修身、处事、接物的道理，从宏观上规定了书院生徒的读书、为学、人生之道，对书院办学具有指导意义。

书院的办学经费来源主要有两种：一种是政府赐予书院的学田，一种是政府的支持。大多书院都拥有一定数量的学田，这是书院供养师生、维持基本教育活动和学术活动的经济命脉。在书院被官学化后，书院办学经费主要来自官府拨款。

朱熹：《白鹿洞书院揭示》

五教之目：父子有亲，君臣有义，夫妇有别，长幼有序，朋友有信。

为学之序：博学之，审问之，慎思之，明辨之，笃行之。

修身之要：言忠信，行笃敬，惩忿窒欲，迁善改过。

处事之要：正其义，不谋其利；明其道，不计其功。

接物之要：己所不欲，勿施于人；行有不得，反求诸己。

（四）宋朝著名书院介绍

在宋朝，书院以其丰富的教学内容、独特的教学模式受到了世人的关注，成为中国古代教育史上的一朵奇葩。在书院发展中，出现了几所令人瞩目的书院。

1. 白鹿洞书院

白鹿洞书院位于今江西省庐山五老峰南山谷中。开始，它是私人读书养性之所，唐代贞元年间李渤与其兄李涉在庐山读书，曾养白鹿以自娱，人称白鹿先生，因此得名“白鹿洞书院”。以后李渤为江州刺史，在隐居旧址创建台榭，取号为白鹿洞。至南唐时，有人这里建“庐山国学”，北宋初扩为书院，与嵩阳、石鼓、岳麓并称“天下四大书院”。公元1179年，朱熹担任知南康军等事，曾在此主持教务和讲学，并奏请赐匾额、御书国子监本《九经》，并重加修缮，生徒达数百人，书院随后声名大振。以后，陆象山、王阳明等人都曾在此讲学。白鹿洞书院占地面积为三千亩，建筑面积为三千八百平方米。

2. 岳麓书院

岳麓书院位于今湖南省长沙市岳麓山。北宋开宝九年，由潭州太守朱洞建议创建，由官府捐资兴建。祥符八年，书院山长在真宗朝正式由朝廷委官任职，书院山长周式兼任国子学主簿，随后得到了朝廷赐匾、赐书的鼓励，书院也得到扩建，学生达六十余人。但随后不久便开始衰落，公元1165年，湖南安抚史刘珙将之加以重建，后毁于战乱之中。由于岳麓书院是由官府创建，书院山长又兼任官职，故岳麓书院属于官学性质。

3. 应天府书院

应天府书院，又名睢阳书院，位于河南省商丘县西北，是北宋大中祥符二年，曹诚捐款在宋初名儒戚同文故居扩建而成。后来，宋真宗赐予匾额“应天府书院”，宋仁宗时将其改为南京国子监，使之成为北宋的最高学府之一。在这里任职的地方长官如晏殊、蔡襄等人，对书院大力扶持。书院培养出了大量政治人才，著名的学者韦不伐、范仲淹、石曼卿、王洙等都先后主持过书院教席，在当时对全国产生了很大影响。公元1035年，应天府书院被改为府学，纳入到官学体系。

4. 嵩阳书院

嵩阳书院位于河南省登封县太室山麓，原名嵩阳寺，始建于北魏。五代后唐时，进士庞式在此聚徒讲学，后周时改名“太乙书院”，宋至道年间被朝廷赐名“太室书院”，并赐九经子史，设立了学官，招收学生数百人。宋太宗于至道二年赐匾额“太室书院”，并赐国子监翻印的《九经》。宋仁宗景祐二年为其任命了院长，负责总管书院事务，并拨给学田上百亩以供学校日常开支。许多宋代名儒，如司马光、范仲淹、程颐、程颢等都相继在此讲过学，在当时颇有名气。

5. 石鼓书院

石鼓书院位于湖南省衡阳北二里鼓山迴雁峰下。在唐代，该地是士人李宽的私人读书之处。宋至道三年，李士真请求官府在该地方设立书院，获得了批准。公元1036年，朝廷批准衡州设立州学，地方官府就将石鼓书院改成了州学。

6. 茅山书院

茅山书院位于浙江省江宁府三茅山后。北宋大中祥符年间，学者侯遗曾经在此聚徒讲学。公元1024年，地方官员王随上奏朝廷，请赐学田，书院日益发达。王随死后不久，书院随之一蹶不振，走向衰落。

（五）宋朝书院创立的意义

宋代书院是我国古代教育史上独具特色的一种教育形式，在许多方面，尤其是在教学管理制度方面为我国教育的发展积累了崭新的经验：在教育经费上，书院建立了多样化的教育经费来源，官府资助、民间筹集、学田供给等都为书院教育的发展提供了经费的保障；在教学管理上，书院实行山长负责制，学校管理体制日趋完备，山长既是主要的教学者又是最高的管理者，教学与管理密切结合；在教学组织上，书院实行开放式的教学和研究，求学者不受地域、学派的限制均可前来听讲、求教，首创讲会制度，使书院成为学术交流的重要平台；在教学方法上注重启发引导、切磋讨论，注重身心涵养等等。这些创举使书院成为我国古代教育史上的一大突破。书院的产生，一方面扩大了中国古代学校教育的类型，弥补了官学辐射范围有限的不足，成为我国古代官学教育的重要补充；另一方面，书院提倡自由讲学，注重讨论，学术风气浓厚，对推动我国教育和学术发展产生了重要影响。

六、元代学校教育一瞥

元代学校教育制度上尽管没有多大创新，但也形成了自己的特点，元代学校教育制度主要由三部分构成：中央官学、地方官学与书院。

（一）中央官学

元代中央官学主要由三类构成：以汉文进行教学的儒学教育机构——国子学，以少数民族文字进行教学的教育机构——蒙古国子学、回回国子学以及司天监、太医院等政府专职机构下属的专业教育机构。

1. 国子监与国子学

公元 1287 年，元朝设立了国子监，负责掌管全国的教育事业，隶属于集贤院。国子学是元朝时期国家的最高学府，国子学专门进行儒学教育，蒙古国子学、回回国子学与国子学相并立，共同构成了元朝的中央官学。公元 1315 年，国子学实行升斋积分制。该制度具体实施方法如下：把国子学分为六斋，每季度考学生的学行一次：孟月、仲月，试经疑、经义；季月，试古赋、诏、诰、章、表、策，蒙古、色目人只试明经、策问。根据学生考核情况，词理俱优者计一分，词平理优者计半分。年终一核算，积至八分者，可以充为高等，依次升斋。升到最高等级的斋舍后可以直接授官，蒙古人授官六品，色目人授正七品，汉人授从七品。

2. 专门教育机构

元朝同唐宋朝一样，设置专门教育机构，医学、书学、算学等都归属于中央的专职政府部门管辖，如医学归属于提举司，附设于太医院之下，兼具教育机构与医疗行政管理机构二重属性，它还担负着编辑整理医学著述，试验药材等工作。再如天文学，隶属于司天监，是掌管天文历法的专业机构，下设的教学与研究机构有天文科、算历科、三式科、测验科、漏刻科，有七十五名主攻天文科的学生就读。

（二）地方官学

元朝也非常注重地方官学的教育工作。公元 1261 年，元朝政府设置了诸路提举学校官，以后又设立了儒学提举司，作为地方学校的专门管理机构，直接对朝廷负责。这种地方教育管理机构为明清两代所继承。元朝的地方官学比较发达，据统计，公元 1288 年，全国共有地方学校二万四千四百多所。

元朝地方官学的主要类型有：

1. 儒学

在元朝，儒学是地方官学的主要构成，各级地方行政机构如路、府、州、县都设有儒学，在一段时期还附设了小学。

2. 地方专门学校

除儒学外，元代地方官学还设有蒙古字学、医学和阴阳学，与中央官学中的蒙古国子学、医学和天文学相对应，努力使各类地方学校与中央学校相配套。

3. 社学

元代还创立了一种独有的基层教育设施——社学。元朝规定：每五十家左右编为一社，每社必须设立一所学校，遴选通晓经书的人为教师，在农闲时由这些教师引导社内子弟学习文化知识。从教学目的上看，社学的主要教学任务是对学生进行伦理道德的教化和开展政策法令的宣传，它是一种基层教育机构与政治教化相统一的组织形式。

（三）书院

书院也是元朝的一种重要教育组织形式，不同的是，到了元朝，书院官学化已经成为书院发展的一大特点。实际上，宋朝政府已经采取多种形式，如学田资助、赐书、赐匾额、任命山长等方法来笼络书院，促使其向官学化的方向转变。到了元代，这种现象日趋严重，元朝朝廷直接将书院山长列为各地儒学提举司下属官员的编制，并规定各府设教授二员，书院山长二员。公元1287年，朝廷颁布的《学官职俸》中规定，书院山长待遇与州学学正相等，山长由行省任免。同时，元代书院还设立直学一职，主要掌管书院钱粮，把持了书院的财权，而且学生也和地方官学学生一样，须通过考核才能步入仕途。通过这些方式，原本比较自由的书院就完全被纳入官方教育系统了。但元代书院官学化并非那么彻底，书院没有国家统一的编制或生员的名额限制，不一定每个地区都设置。书院官学化的政策，在某种程度上推进了书院的普及与规模的扩大，有利于书院教育事业的发展，但其弊端在于大大限制了书院的自由讲学、注重学术等优势的发挥，书院在学术方面的造诣、学术地位、教学质量随之大大下降了。

七、宋元时期的蒙学

古代蒙学是幼儿教育、小学教育的前身，发展蒙学对于儿童身心健康成长，顺利融入社会有着重要意义。注重蒙学，重视编纂蒙学教材是宋元时期教育的又一重要特点。

（一）蒙学教育机构

在宋朝，蒙学教育机构实际上有两种：一种是官学系统中设立的小学或社学，其主要任务是对儿童进行文化、道德方面的启蒙教育；一种是私人设立的学塾，它们是儿童接受蒙学教育的主要机构，因为官立的小学、社学兴废无常，一般儿童难以享受到这种教育。在宋朝，学塾的种类形形色色，名称也丰富多彩，如地主士绅富豪聘请教师在家进行教学的坐馆或教馆，教师在自己住所设学教学的家塾或私塾，由地方或个人出钱资助设立的义学或义塾等。这些学塾对宋朝蒙学教育的推进产生了积极意义。

（二）蒙学教学法的形成

在宋朝，一批名师硕儒对蒙学教育非常支持，其观念和行为直接刺激着蒙学的发展，尤其是宋代的理学家关于小学教育的主张和亲自编写的蒙学教材对宋朝蒙学教育的发展产生了直接推动力。在该时期，朱熹所著的《小学》和《童蒙须知》，吕本中所著的《童蒙训》，袁采所著的《袁氏世范》以及吕祖谦所著的《少仪外传》等都深入研究了儿童的文化教育、道德教育和蒙学教学法问题，对蒙学教育影响很大。这些著名学者都认为：蒙学非常重要，蒙学应该采取正确的教学程式与教学方法进行，蒙学的教育内容应该合理安排。宋朝蒙学研究者认为：学塾中应主要进行读书、习字、作文三方面的教学与训练，为学生进入官学、书院、应科举考试做好准备；教学要按照合理的程式来进行，由易及难、循序渐进是教学的核心原则。首先进行集中识字，再读《三字经》《百家姓》《千字文》和"四书"，最后进行封建政治思想和伦理教育；蒙学教育的重点是让儿童学会跟读、熟读和背诵，习字应该分三步进行：教师手把着手写——描红——临帖书写。在对蒙学教学方法的论述中，最为集中的当推元代程端礼的《程氏家塾读书分年日程》。

（三）丰富多彩的蒙学教材

在宋朝，许多著名学者都参与了蒙学教材的编撰工作，对于提高蒙学教育质量产生了深远影响。其中，影响较大的有：

其一，儿童道德教育方面的读本，如吕本中的《童蒙训》、朱熹的《童蒙须知》、朱熹及其弟子编写的《训蒙绝句》等。这类教材侧重于向儿童灌输伦理道德知识和为人处世、待人接物的生活准则，成为儿童接受道德教育的有效辅助。

其二，儿童识字类课本，如史游的《急就篇》、王应麟的《三字经》、钱塘老儒的《百家姓》、周兴嗣的《千字文》等。这类教材在教儿童识字、掌握文字的同时还介绍给儿童一些历史知识、生活常识、人生哲理等，将识字教学、知识教学和道德教育融为一体，深得儿童喜爱。

其三，儿童经学类课本，如朱熹的《四书集注》等。

其四，儿童文学类教材，如《千家诗》《神童诗》等。

其五，名物常识类教材，如方逢辰的《名物蒙求》、欧阳修的《州名急就章》、王应麟的《姓氏急就章》等，这些蒙学教材的内容涉及天文、地理、人事、鸟兽、草木、衣服、建筑等，无所不包，甚至将农工商各行各业的实际知识、实用技艺、生活常识等也包括在内，具有较强的实用性。

综而观之，这些蒙学教材具有以下几个特点：

其一，与儿童日常生活相联系。宋元蒙学读本的内容都与日常生活紧密相连，有利于激发学生的学习兴趣。如朱熹的《小学》把“古圣先贤”的“嘉言善行”作为教材的内容，《百家姓》《千字文》都记载了日常生活中所见到的姓氏和名物，儿童随手可见，亲耳所闻，有利于达到学习的效果。

其二，充分考虑儿童的兴趣和特点。宋元蒙学教材中善于利用儿童爱大声朗读、爱听故事、爱看图画的特点，注意把识字与儿童的这些特点关联起来，采用韵语形式，注重文字简练、通俗易懂。这样，儿童读来朗朗上口，识字时可以听到简短浅显、图文并茂的故事，适应了儿童的心理特点，便于儿童学习。

其三，教材质量高、品位高，便于提高蒙学教育质量。宋元蒙学教材大都由著名学者如朱熹、周兴嗣、程端蒙、王应麟、程端礼、方逢辰等直接编写或参与编写，教材质量较高，具有较高权威性。

其四，识字教学与道德教育相结合。宋元蒙学教材在编纂中善于寓道德教育和其他教育于识字教学之中，使儿童在识字的同时又受到道德教育，得到启发，扩大知识面。这种识字教材的教育效率高，利于学生的全面发展。

总之，宋元蒙学教材为古代蒙学教育的发展提供了坚实的材料支持，有利于幼儿教学质量的整体提高。

八、朱熹与《大学》《小学》

朱熹是南宋时期著名的教育家，他学识渊博，通晓各类学科，博文广识。朱熹一生著作浩瀚，总共有四十一种，四百余卷。朱熹教育思想博大精深，令世人瞩目。

朱熹生于书香门第，父亲朱松是北宋著名理学家——程颢、程颐的再传弟子罗从彦的学生，他在朱熹小时候用理学思想教导朱熹。朱熹从小聪明伶俐，具有强烈的求知欲，八岁时就能通读儒家经典。十九岁时，朱熹考中进士，一生几乎都在奔波于全国各地，开展讲学活动。在五次出任地方官吏期间，他经常从事教育活动，大力提倡设置州学、县学和书院，支持书院的教学与研究活动。在任南康军时重建白鹿洞书院，并制订了一整套规范严谨的学规。公元1183年，他在武夷山修建武夷精舍，广收门徒，传播理学思想。六十五岁时担任湖南潭州知州，仍大力提倡州学、县学，修复岳麓书院，亲临讲学。朱熹几乎将一生都献给了教育事业与教学活动，令世人敬仰。朱熹一生的主要思想贡献体现在其所著的《四书集注》《诗集注》《楚辞集注》《通鉴纲目》《朱子语类》等书之中。

（一）论教育目的

朱熹认为，教育作用在于“为学乃变化气质耳”，在于改变人的气质。按照朱熹的观点来看，人的本性有“气命之性”与“天命之性”之分。气质之性有清有浊、有善有恶，许多欲望在污染着人的本性，教育的目的在于澄清人的气质之性，使之清澈从善，在于变人的“气质之性”为“天命之性”，实现对人的本性改造的目的。朱熹提出教育的目的是“明天理，灭人欲”，即革除人的“物欲之私”，恢复“天理”，使人的言行与封建社会的伦理纲常相符合，最终成为儒家所宣扬的“圣贤”之人。

为了实现教育的这一目的，朱熹认为：教育的任务是教会学生做事，教会学生知理。对人的不同学习阶段，教育的任务不尽相同：就小学而言，教育的主要任务是“教之以事”，教之以“礼乐射御书数，及孝悌忠信之事”，养成良好的生活习惯；就大学而言，教育的任务是学会发掘和探究事物内在的道理，正所谓“大学是穷其理”，而“小学是事亲事长”。

（二）论道德教育

朱熹认为，道德教育是儒家教育思想的核心内容，教会学生知“道”、行“道”是学生伦理道德教育的重要内容。朱熹为道德教育提出的目标是“君子儒”。“汝为君子儒，无为小人儒”是朱熹教育生活中的口头禅。朱熹认为，教育的主要目的是修养人的德性，而不仅是中科举、谋官职俸禄的手段。朱熹在道德教育上要求学生树立起“修身、齐家、治国、平天下”的信念，准备为朝廷效命。

在教育方法上，朱熹有一大创新，那就是将对学生的道德教育与文化教育融为一体，既教会学生知识，又教会他们怎样做人。尤其是小学阶段，他认为此时是道德教育的基础阶段，从小对儿童进行道德品质方面的教育尤其重要。朱熹认为，儿童必须在做事中学会道德地做事，在小学中“洒扫应对进退之节，爱亲敬畏隆师之道”都是道德教育的重要途径，是对小学生进行儒家经典教育的基本途径。不仅如此，朱熹还为儿童编写了大量的道德教育教材，如《论语训蒙口义》《易学启蒙》《小学》《四书集注》等。在《小学》中，朱熹把有关忠君、孝亲、守节、治家等方面的格言、故事、训诫集中起来，为孩子道德成长提供了优秀的读物和教材。

在德育方法上朱熹认为：“圣贤千言万语，教人且从近处做去”，他主张将培养儿童的道德行为习惯作为道德教育的有效手段。封建社会把伦理具体化和条理化，让青少年去遵照履行，在日常生活中如衣服冠履、言谈举止、待人接物、洒扫应对、读书写字等方面体现出来，是儿童道德教育的有效方法。同时，在儿童道德教育方面，朱熹强调以正面引导为主，注重启发诱导，不断提高学生的道德认识，而不能只靠简单的防禁与体罚。朱熹的这些道德教育观对后世影响很大，甚至成为我国家庭教育、儿童教育思想的重要来源。

（三）教育阶段论

朱熹认为，学校教育的安排应该具有阶段性，应该将人的受教育过程分为两个阶段：小学与大学。每个阶段应该承担起不同的教学任务。

1. 小学阶段

小学教育阶段是为人的一生发展打基础的阶段，8 岁到 15 岁年龄段的儿童应该上小学。小学阶段的主要任务是培养孩子的“圣贤坯璞”，为其将来成就为优秀人才做好准备。在该阶段，儿童由于“智识未开”，思维能力弱，认知上的特点是“知之浅而行小者”，故教育内容要力求浅近、具体。因此，小学儿童的主要教育内容应该以“教事”为主。正如他所言，小学应该教以事，譬如“事君，事父，事兄，处友等事”，“古者小学，教人以洒扫、应对、进退之节，爱亲、敬长、隆师、亲友之道”。教孩子依照规矩做去就可以了，不必明白其背后的道理。通过“学其事”，儿童在实际活动中得到锻炼，具备了“圣贤坯璞”，小学教育的目的就算实现了。

2. 大学阶段

大学教育阶段应该招收 15 岁以上的学生，其教育任务是在孩子“圣贤坯璞”的基础上“加光饰”，对之进一步精雕细刻，把他们培养成为有用之才。在该阶段，人应该在国家所建立的官学教育体系中接受教育，让学生知道“修身、齐家、治国、平天下之道”，最终成为能够为朝廷效力的有用之才。与小学不同，大学的教育任务是“教理”，即让学生探究“事物之所以然”。正如《小学辑说》所言：“小学是事，如事君、事父兄等事。大学是发明此事之理，就上面讲究所以事君、事父兄等事是如何。”在大学阶段，学生重在知“道”，学习的任务是“知之深而行之大者也”。大学阶段的主要学习方法是自学，是读书指导法；不同学术观点之间相互交流是教育活动的重要形式。

朱熹将学校教育划分为小学和大学两个相对独立的阶段，并为之确立了不同的教育任务、教学内容和教学方法，揭示了两者之间内在联系，这就适应了不同学生年龄段身心发展特点的要求，反映了教育本身发展的基本规律，有利于提高教育教学活动的效果，不愧是古代教育史上的一大创举。

（四）朱子读书法

倡导读书得法是朱熹教育思想的重要内容。朱熹认为，学习的首要内容是儒家经典，其中蕴含着天理精神。因此，在读书时要耐心品味、穷其道理，采取科学的读书方法。朱熹去世后，他的弟子及门人将其有关读书的经验和见解整理为“六条”，这就是“朱子读书法”，其主要内容如下：

1. 循序渐进

所谓“循序渐进”，就是指在读书时要按照一定的顺序依次展开，其主要内涵包括三个：首先，读书时应该按照知识的难易程度确定次序，由浅入深、由小及大地进行；其次，循序渐进还指在读书时要注意积累新知，持之以恒地坚持读书；最后，循序渐进要求在读书时要按照从头到尾、依次进行的步骤扎实推进。

2. 熟读精思

朱熹认为，读书时必须反复阅读、多次阅读，并精于思考，尽可能达到熟读成诵，对书中内容了如指掌的程度，这就是熟读精思。就“熟读”与“精思”间的关系而言，熟读是精思的基础，在熟读基础上精于思考是深入理解内容的前提。

3. 虚心涵咏

读书时要以虚心、认真的态度去进行，认真体会圣贤的用心和用意，不能对之进行随意解读与发挥，更不能将个人的意见与观点带进去。

4. 切己体察

朱熹认为，读书时不仅要掌握知识、追求义理，更要落实到自身修养的提高与德行的改进上。在读书后要善于利用书中的思想来要求自己，身体力行地实践新思想。

5. 着紧用力

朱熹要求读书者要认真学习、抓紧时间。读书正如“撑上水船”，一篙都不能放松，读书学习不进则退。同时，读书又要在细致处下工夫，不能蛮干。读书要有科学的安排，“宽着期限，紧着课程”，把握好读书的节奏。在读书时绝不能随意放松，要按照预定计划认真进行。

6. 居敬持志

朱熹要求学习者要有良好的学习心态，这就是居敬持志。所谓“敬”，就是指对读书要端正态度、诚心诚意、兢兢业业地去进行，切不可敷衍了事、三心二意地去读。“居敬”就是要求读书者要态度认真、持之以恒；“持志”就是要求读书人要怀有坚定志向，坚持学习圣贤之道、修身复性的志向，努力达成预期的学习效果。

朱子读书法是古代历史上最有影响的读书方法论，基本上反映了读书治学的规律和要求，对于后世改进学习方法很有启示作用。但不足的是，朱熹强调读书要选择圣贤之书来读，且读书的目的是要修养封建伦理道德，自觉与封建统治者的要求相一致，而非让人积极去实践，在实践中体现读书的意义，深入对所读之“书”的理解，这就陷入了唯心主义的怪圈，不利于培养知识分子理论联系实际、实事求是的品质。

九、教育故事集锦

朱熹是宋元时期教育思想的集大成者，有关他的故事与传说在民间非常多，下面就是朱熹的三则故事。

朱熹的故事

朱熹，南宋理学家，安徽婺源人，后迁居福建建阳，他曾到永春讲学，永春流传着许多关于朱熹的民间传说。

神笔镇流

永春，古称“桃源”，地处闽南金三角。朱熹游学到永春，与当地儒士交往甚密，“昼则联车出游，夜则对榻论诗”，相交甚欢。一天朱熹和众书友来到蓬壶高丽的林氏祖宇，只见千峰翠绿，万木绿饶，树木青枝怒发，一时众人兴起，邀朱熹提笔以赠，当即便找寻纸笔。山间竹纸现成可用，却没有书写大笔。朱熹就用周围茅草随意扎成一只茅草笔，提笔“居敬”二字。《论语·雍也》记载，“居敬而行简，以临其民，不亦可乎?”朱熹说：“敬不是万虑休置之谓，只是随事专一，谨畏不敢逸耳。”所谓“居敬”，就是思想精神和注意力高度集中。乡村父老争相传颂朱熹留下的这两个字，且用楠木作为匾额，镌之以做纪念。

后林氏族人把这副匾额悬挂在祖宇的厅堂正上方，并将朱熹书写“居敬”二字的笔置于匾额后方，让后世子孙传颂。后来这支笔偶尔会出微光，人们开始感到非常奇怪，时间久了便觉得不足为奇。至清代康熙四年，浙江诸暨人骆起明到永春任知县，在任期间改造环境，造福永春，人们称赞他是风水大师。一天他下乡劝农来到蓬壶，听闻有朱熹赠笔之事，便乘轿即刻前往高丽拜谒林氏祖宇。他看见厅堂上“居敬”二字干净如初，便让人拿下来观看，虽然经过了四百余年，厅上之匾仍保存完好。骆起明当下便爱不释手，经乡人同意后，便收在身边，用锦缎包裹匾身，奉为传世之宝。相传骆起明在康熙十年任满离开永春，进省述职之时，只带着书和朱熹遗留下来的茅草笔。行至乌龙江时，忽然狂风大作，船只颠簸，有覆船之势。众人慌作一团，有人提议说江水如此凶险，怕是有妖邪作乱。让谁有宝物投之江中以求船安。骆起明包裹里除了书之外只有朱熹留下来的茅草笔。虽不舍，但求保命，就把茅草笔投掷江中，一时奇迹出现，本来汹涌翻腾的江水一下子变得风平浪静，众人称奇，誉之为神笔。

齐齐松

岱山海拔963米，山体俊秀。山上覆盖着五千多亩的原始森林，树木郁郁葱葱，青翠欲滴；林中清风徐徐，百鸟争鸣；山涧清泉潺潺，小溪涓流。胜景殊多，犹以岩前的齐齐松最为著名。

南宋绍兴十八年，永春民苏里陈光与朱熹同年中进士，因对当下朝政不满，弃官回乡隐居岱山岩潜心治学，在文昌阁下榻，批注《四书》。据传朱熹会友于陈光时，经陈光的介绍，与当地的一名士子陈文义结识，并一见如故。陈文义热情好客，频频设宴款待陈光和朱熹。陈文义出身在书香门第，略通经史子集，却不求功名。陈文义勤奋好学、谦虚谨慎，朱熹和陈光非常欣赏这个山乡之才。朱熹在岱山岩修纂“四书章句”的时候，陈文义给予了他很大的帮助，朱熹感激不尽，与其成为至交。一天朱熹与文义品诗论集后，文义告辞下山，朱熹送他至山门前，依依之情尽在眉间，一直目送他上了山下大路，还不愿离开。但岱山上高大的松林却挡住了朱熹的视线。朱熹好不懊恼，把手中的大笔在前方横空一画，说：“你们这些松树长到这样高就行了”。第二天，岱山原本长得奇高的松树林出现了奇迹：被朱熹用笔挥过的松林就像被一把巨大的无形的剪刀裁过一样整整齐齐，后人称这个奇景为“齐齐松”。

裂石箭竹

岱山岩位于永春、漳平与大田三县交界处的岱山上。岱山岩秀美雄健，山中林木郁郁，枝叶苍翠。岱山岩到现在仍保存着“月莲第一峰”“寒竹风松”等墨迹。还有朱子阁、朱子弃官处、朱子洞等古迹。岱山岩，也叫“铁峰岩”，是朱熹将其改名而成。《永春州志》卷十四载，南宋著名理学家朱熹任同安县主簿时，到永春城讲学，并至岱山岩访同年进士陈光。岱山岩上有岩寺，岩寺殿外有两块巨大的石头，形如大钟、大鼓。用石头敲打会发出“咚咚”的响声。右为石鼓，左为石钟，分别就位，各司其职。但是左边的石钟要大于右边的石鼓。传说钟大于鼓，有悖情理。因为鼓，其声催人奋进向前；钟，其声则意为鸣金退却。有一天，朱熹听到钟声远大于鼓声，认为这是有违常理的现象。据说这样会使和尚比施主凶恶。因此朱熹心里十分不悦，随即“神笔”一挥，把石钟劈成两半，至此后，钟声鼓韵听起来十分和谐，住持和禅友关系也非常融洽。

后福全之徒慈受和尚在岱山岩显化后，后人尊称为施公祖师，并在岩寺西面依山而建“西居堂”供奉。岱山岩的香火从此日盛。据说当日被劈开的裂缝处有一棵嫩笋破土而出，欣欣向上，逐渐长高，成为挺拔擎天的翠竹。其形状如“箭”，人称“箭竹”。

衰落：明朝与清初的教育

从明朝开始，古代封建统治者对教育的打压倾向日益明显，文字狱与八股取士制度的出现，大力强化文化专制制度就是明证，走向衰落是该时期封建教育发展的自然轨迹。与此同时，封建统治者对教育的变革并没有停止，科举制度基本定型、国子监教学制度日益完备、理学教育日臻完善等都是该时期封建教育发展的重要方面。可以说，在明朝与清初，封建社会的学校教育制度变革已经深化到了细节层面，教学与教育管理制度日渐健全。

从明朝开始，古代封建统治者对教育的打压倾向日益明显，文字狱与八股取士制度的出现，大力强化文化专制制度就是明证，走向衰落是该时期封建教育发展的自然轨迹。与此同时，封建统治者对教育的变革并没有停止，科举制度基本定型、国子监教学制度日益完备、理学教育日臻完善等都是该时期封建教育发展的重要方面。可以说，在明朝与清初，封建社会的学校教育制度变革已经深化到了细节层面，教学与教育管理制度日渐健全。

明朝的教育

元朝末期，蒙古统治者日益残暴，农民起义接连发生，尤其是红巾军起义更是声势浩大，动摇着元朝封建统治的基础。朱元璋也参加了濠州大帅郭子兴领导的红巾军起义队伍。公元 1364 年，朱元璋称王，建立了西吴政权。公元 1368 年，朱元璋以应天府为京师，建立了明王朝，国号大明，朱元璋随之成为明太祖。明朝初期国力强盛，各位帝王励精图治、天下大治，先后经历了洪武之治、永乐盛世、仁宣之治，成为历史上比较强大的一个王朝。明朝疆域达一千一百多万平方公里，包括两京十三省、东北、新疆东部、西藏、青海、南海诸岛屿、今缅甸北部、内蒙古大部、越南中北部，西伯利亚东部等地，影响力波及整个亚洲。公元1662年郑成功打败荷兰殖民者收复台湾岛，明朝政府首次在台湾岛设立行政机构一府两县。在政治管理体制上，明朝设立了总管全国政务的机构——内阁，专门协助皇帝批阅奏章。同时，为了加强对全国臣民的监视，明朝还设立了特务机构锦衣卫、东厂、西厂等，由宦官负责统领。在中央机构设置上，明朝设立了吏、户、礼、工、刑、兵等六部，每部都各增加了尚书、侍郎职位。明朝还设立了专门的监察机构——御史台、都察院、监察御史等，设立了“五寺”，即大理寺、太常寺、光禄寺、太仆寺和鸿胪寺，专门负责司法公务。明朝经济发达，冶金、造船、建筑、丝绸、纺织等工业处于世界领先地位，尤其是工业产量占全世界的2/3以上。在地理探险方面，1405—1431年郑和率大型远洋船队出使西洋，成为世界航海史上的一大奇迹。

一、明朝文教政策的变迁

明朝教育在继承宋元教育制度的基础上又有了新发展，文教政策变化、科举制度完善等都使明朝教育具有了许多新特征。

在明朝，统治者采取了一系列新的思想控制政策来维持全国的统一，文教政策就是其中的重要组成部分。随着文教政策重点的确立，各项学校教育改革政策陆续推开。

（一）进行思想文化控制

明太祖朱元璋从农民起义中深知仁政的重要性，在即位后即强调治理国家离不开儒学，儒士、儒术是国家政治的依托。立国后不久，明朝就确立了“治国以教化为先，教化以学校为本”的文教政策，大力发展学校教育事业，不断提高儒学的地位。明朝文教政策的精神支柱是理学，并对各种不同思想的传播加以限制，约束人们的头脑和思维。在思想领域内，明王朝极力推崇程朱理学，甚至将之奉为官方哲学，不许文人读其他书籍，进而形成了“非《五经》、孔孟之书不读，非濂、洛、关、闽之学不讲”的学风，《四书集注》、程朱理学成为国家科举考试的标准教材，并对与孔孟之道相违背的其他学说采取排斥措施。

明朝统治者采取的另一思想控制措施是对各级各类学校，包括中央和地方官学进行严格管理，集中体现在国子监专门设立“绳愆厅”，负责对学生的不端行为按照情节进行处罚，“绳愆厅”由监丞负责掌管。国子监还订立了严格的“监规”管束学生的言论、行动，使之与统治者的统治思想高度一致起来。同样，在地方学校中统治者也推行专制管理。洪武十五年“颁禁例于天下学校，镌刻卧碑，不遵者以违制论”，以此来实现对地方学校的严格控制。

（二）以科举为工具推行文化专制

明朝统治者在发展学校教育的同时还改进了科举制，使之成为统一全国知识分子思想的工具。设立科举制度，选拔政府所需要的官员，实现科举选才与学校育才间的统一，是明朝文教政策的重要内容。在明朝，官府在选拔人才的方式上采取了荐举和科举二者并重的方式，二者相互平衡、同步推进，确保了明朝统治对人才的需求。公元1371年正月，明朝诏令全国各行省连续三年举行乡试，所有举人都免于会试，赴京师听候朝廷选官。但连考三年之后，朱元璋发现所录取的人才大都是“后生少年”，缺乏实际从政的能力。于是，公元1373年二月，朱元璋决定暂停科举，开辟荐举的取士之途。荐举的科目有聪明正直、贤良方正、孝悌力田、儒士、孝廉、秀才、耆民等。由各地方长官举荐京师破格录用。但荐举并不比科举好多少，据《明史》记载，荐举多而滥，多时一次达到三千七百余人，少的时候也有一千九百多人，长此下去许多荐举之士将无官可授。因此，此后不久，科举制的优越性渐渐为统治者所认识到，科举制逐渐成为明朝选士的主要途径和根本制度，考选庶吉士就是其表现之一。所谓“考选庶吉士”，就是点翰林，其做法是“使进士观政于诸司，其在翰林、承敕监等衙门者，曰庶吉士”。公元1402年，明朝专门设立了翰林院庶吉士之制，规定凡进士一甲出身的，任为翰林院修撰及编修，进士未能考入一甲者，一般须经庶吉士学习阶段，才能正式入仕。从此，翰林院与科举考试之间关系变得日益紧密，翰林院成为明朝的人才储备机构，其储备的对象就是科举及第的进士。

二、明朝的科举制度

公元 1367 年，明太祖朱元璋发布了“设文武二科取士”的命令，要求各级地方长官推荐那些俊异、勇武的人参加学校学习活动，并经由科举考试途径选拔到朝廷来等候任官。这就是明代科举制的开始。在长期发展中，明朝形成了由乡试、会试和殿试三级考试制度构成的科举制度，使科举制逐渐发展成了一种相对系统的取士制度。

（一）乡试

乡试，又称乡闱，是由南、北直隶和各布政使司举行的一种地方科举考试，一般每三年举行一次，于子、卯、午、酉年举行。在明朝，乡试的地点设在南京、北京和各布政司驻地。主持乡试的考官有：主考二人，同考四人，提调一人和负责受卷、弥封、誊录、对读、巡绰监门、搜身检查的相关官员若干名。

明朝乡试要考三场，分别在八月九日、十二日和十五日进行：第一场，考《四书》的义三道、经义四道；第二场，考论一道，判语五条，诏、诰、表内科一道；第三场，考经史策五道。从考生入场到出场，都设有专门的检查人员负责监督检查，严防作弊。一般黄昏时交卷，没有按时完成的发给蜡烛三枝，燃尽后还未做完就要被逐出考场。考生交卷后，考官要差人对试卷举行弥封、誊录、对读等，然后送主考、同考去批阅。从明朝乡试的录取名额来看，大致各考区能录取到十名到五十名，录取名额以后随着考生的增加而逐年增加。通过乡试的考生，授予举人功名，取得了参加会试的资格；乡试第一名者被称为“解元”。

（二）会试

明朝的会试又称礼闱，是在京师由礼部主持的一次全国性考试，一般在乡试的第二年，即在丑、辰、未、戌年举行。参加会试的考生必须是考过了乡试的举人。会试也分三场，分别在二月初九、十二、十五日三天举行，考试的内容和程序与乡试基本一样。明朝朝廷比较重视会试，同考考官的人数增加了一倍，考官由级别较高的官员来担任，考试程序也较乡试严格得多。从录取人数来看，起初没有定额限定，人数波动范围较大，最多的一次竟达到了四百七十多人。会试第一名者被称为“会元”。

（三）殿试

殿试是明朝科举考试中最高一级的考试，考场设在王宫中的奉天殿或文华殿，要求考生必须是考过会试的人。殿试由皇帝亲自主持，皇帝亲自担任主考官，评阅试卷的人被称为读卷官，其任务是在试卷中挑出三份卷子，以便确定“一甲”三名的人选。殿试的时间一般是三月初一，成化八年后改为三月十五日。殿试的考试内容很简单，只考时务策一道。试题一般由内阁拟定，出几道题目供皇帝选定，在考试前一天呈请皇帝决定。殿试以一日为限，日落前必须交卷，考完之后考卷教给弥封官经过弥封后再送至掌卷官，掌卷官再转送到东阁，由读卷官进行批改评阅。明代殿试后的名次分为一、二、三甲，分别被称为“状元”“榜眼”“探花”。考中“状元”者，赐予进士及第；考中“榜眼”者，大约一百人，赐予进士出身；考中“探花”者，大约二百人，赐予同进士出身。凡考中进士者，皆称为天子门生。

三、明朝的学校教育制度

在明朝，学校仍旧由中央官学和地方官学两大类组成。其中，中央官学的主要类型有：国子监、宗学、武学、医学、阴阳学、四夷馆等；地方官学的主要类型有：府学、州学、县学、教司儒学、行都司儒学、卫儒学、都转运司儒学、宣慰司儒学、按抚司儒学，以及府州县皆设立的武学、医学、阴阳学，在农村地区设立的社学等。

（一）中央官学

1. 国子监

公元1365年，明朝统治者创办了国子监，改应天府学为国子学，并设置了祭酒、博士、助教等教职，专门用于教导皇亲贵族子弟。明朝初期，明太祖定都南京，在鸡鸣山下重建了国子学；洪武年间，改国子学为国子监，到了永乐元年，明成祖又在北京设立了国子监。永乐十八年，明朝迁都北京，北京国子监随之更名为京师国子监，原来的国子监被改名为南京国子监。从此，明朝就产生了两个国子监。

从教师及管理者来看，明朝国子监设有祭酒、司业、监丞、典簿、典籍、博士、助教、学正、学录等官，队伍庞大。明朝国子监学生的来源值得重视，监生来源多样化是其主要特点。明代国子监的监生主要有四个来源，分别被称为举监、贡监、荫监和例监。其中，举监是指在京会试中落第的举人，由翰林院择其优秀者送入国子监；贡监是由各地方官学选送到国子监的学生；荫监是指三品官以上子弟或功臣，以及他们的外戚子弟；例监是指百姓捐资纳粮于国家后，政府特许其子弟入学的，又称“民生”。另外，国子监中还有来自少数民族的生员，被称为土官生，以及日本、琉球等国的留学生，被称为夷生。

明代国子监的教学管理制度更为完备，其主要特点有四个：

首先，明代国子监采取了分堂教学和积分制教学制度。其做法是：把国子监分为六堂，即“正义”“修道”“诚心”“崇志”“广业”“率性”。其中“正义”“崇志”“广业”为初级，“修道”“诚心”为中级堂，“率性”为高级堂。监生按其学习程度进入各堂学习，然后根据其成绩依次递升。

其次，明代国子监形成了完备的监生课业管理制度。国子监对监生的课程安排、教学方式方法、教学计划等方面都有明确的规定，并安排了周密的课程修习计划，每天都安排有功课，分早晨和下午两节课进行，分别为晨课和午课。晨课由祭酒率领属官出席，祭酒主讲；午课在午后进行，主要活动内容是会讲、复讲、背书、论课等，由博士、助教主持。

第三，明代国子监首创了监生历事制度，培养学生的政务能力。公元1372年，明朝国子监创立了监生历事制度，其主要方式是把监生分拨在各衙门历练其政务能力，三个月后进行考核，上等者送吏部备选，监生可以继续历事，如有官位空缺，则按顺序任用；才能一般者则送回国子监继续读书，懒惰者则不再任官。建文帝时期，明朝官方进一步规定了考核办法，根据学生历事情况将其分为上、中、下三等，上等者选用，中、下等者再历一年，再参加考试。监生历事的创立锻炼了监生的实际政务能力，有利于使其理论与实践相结合，有利于封建官吏的成长。

最后，明朝国子监形成了严密的监规制度。明朝国子监对监生的管理也较为严格，其所订立的监规达到五十六条，对生员进行严酷的训导、管理和思想控制，动辄施以痛决、充军、吏役、枷镣终身、饿死、自谥、枭首示众等残酷的惩罚，以达到思想控制的目的。

2. 宗学

宗学属于明朝皇室贵胄子弟的学校，在北京、南京均有设立，一般招收皇帝宗室中年未弱冠的世子、长子、众子及将军中尉等官的子弟入学。这类学校的教师从王府长史、纪善、伴读教授等官中挑选出来，同时还从宗室中推举一人为宗正，负责学校的行政事务。宗学的学习内容主要是《皇明祖训》《孝顺纪实》《为善阴骘》等。

3. 武学

武学创设于明朝洪武年间，设置于儒学之内，主要目的是教导武官子弟。英宗正统年间，明朝政府正式在北京、南京设立了武学，其中设立教授一人，训导六人。明朝武学大致分为六斋："居仁""由义""崇礼""宏智""敦信""劝忠"，所学内容主要有《论语》《大学》《孟子》及《武经七书》等。

（二）地方官学

明朝地方官学较为发达，类型多样，管理周密，制度健全，形成了一个较为庞大的学校教育系统。总体来看，明朝地方官学可以分为两大类：儒学和社学。

1. 府、州、县儒学

明朝规定：各府、州、县都应该设学，府学应该设立教授一人，训导四人；州学应设立学正一人，训导三人；县学应设立教谕一人，训导二人。地方学校的教师一般由下第的举人来充任，或由贡生或国子监生来担任。明朝对府、州、县学的学生名额有严格的规定：一般为府学四十人，州学三十人，县学二十人。后来，随着生员的增加，学生类型也日益多元化，大致分为三类：由政府供给食宿费用的学生为廪膳生员，另外两类学生为“增广生员”和“附学生员”，政府不承担其食宿费用。在地方官学中，明朝规定：所有学生要专门学习一部经，在教学中分为礼、乐、射、御、书、数六科来分科教学。学生在校一般要每月参加一次考试，岁考、科考一般由掌管一个省的教育行政大权的提学官来主持。

2. 卫学和各司儒学

“卫”是明朝的一级重要军事机构，明朝设有二十六个卫，外受都司的管辖，内受五军都督府的统辖，设立卫学和都司儒学是明朝地方官学的一大特点。公元1384年，明朝设立了辽东都司儒学、岷山卫儒学，十一年后又设立了北平行都司儒学、大宁等卫儒学，洪武二十八年创立了都转司儒学、宣慰司儒学、按抚司儒学和诸士司儒学等。在这些学校中都设立教授一人，训导二人，主要招收武生和军生。学生一般有两条出路：一个是推荐入国子监读书，一个是参加科举考试。除此之外，明朝还在边疆少数民族地区设立了土司儒学，专门招收土司子弟，向他们传授儒家经典。

3. 社学

明朝沿袭了元朝的社学制度，各地乡村广泛设立了社学，主要教授民间子弟学习儒家经典，同时学习兼读《御制大诰》等朝廷的律令。公元1504年，明朝下令各府州县建立社学，选择明师教授，招收民间十五岁以下的幼童者，教他们学习冠婚丧祭方面的礼节。

四、明朝书院的发展

明朝初期，作为理学的传播基地——书院的发展态势较好，但随着明朝学校教育系统的日益完备，书院游弋于学校教育体制之外的格局受到了统治者的重视，尤其是书院自由讲学、质疑问难的学风对封建统治的威胁更加为统治者所警惕。到了明朝中后期，统治者做出了四次禁毁书院的政治行为，书院遭到了史无前例的摧残。实际上，明朝统治者四毁书院的政治行为与东林书院的办学情况直接相关。

（一）东林书院的发展

明朝书院中影响最大、影响范围最广的是东林书院。东林书院位于江苏无锡城东南，起初是北宋理学家杨时的讲学之所。杨时，人称龟山师长，是东林学派的创始人。元朝，东林书院被烧毁。到了明朝万历年间，无锡人顾宪成及其弟顾允成在当时的常州知府、无锡县令等官员的支持下重新修复了东林书院，同时还邀请了一批志同道合的学者前来聚众讲学，最终形成全国闻名的“东林学派”。随之，东林书院成了东林学派的活动基地。

在明朝，东林书院是当时的一个重要文化学术中心，它形成了一套较为完备的讲会制度，为学者论辩、阐发自己的观点提供了舞台。书院讲会制度始于南宋，到了明朝，这种制度日益规范，最终发展成为一套严谨的学术制度。在东林书院，讲会活动定期进行，每年一大会，每月一小会，每次讲会活动都要推选一位学者来主持。在每次讲会活动开始时，书院都要举行隆重的仪式，学者们讲学的内容主要来自“四书五经”，在讲学时要求到会者必须虚心听讲，积极参与研讨，相互切磋论辩。

其次，东林书院还是一个重要的政治活动场所，讲学活动与政治斗争相结合是东林书院的主要教学、讲学特点。顾宪成在为东林书院题写的一副春联中写道：“风声雨声读书声声声入耳，家事国事天下事事事关心”。这副春联充分反映了东林书院将求学活动与政治实践相互关联的务实精神。东林书院在讲学之余利用清议活动来抨击政治、讽议朝政、弹劾显贵，以正义、真理的精神影响朝政。这种学以为政的活动对社会产生了很大影响，许多有识之士慕名前来，聆听讲会活动。公元1625年，由于干预朝政，书院受到了魏忠贤的迫害，东林党人被追杀，书院被禁毁。书院到崇祯六年又被修复，名声恢复如初。

总之，东林书院既是一个重要文化学术中心，又是一个重要政治活动中心，在明朝书院史上享有很高的地位。

（二）明朝书院的四次禁毁

与东林书院的命运大致相似，明代一批有影响的书院也由于政治上的牵连而多次被禁毁。从明朝中后期开始，有四次书院禁毁活动，它们分别发生在嘉靖十六年、嘉靖十七年、万历七年和天启五年。

1. 第一次禁毁书院

嘉靖十六年，御史游居敬上书朝廷痛斥南京吏部尚书湛若水以书院为基地宣传其学术思想，认为他“倡其邪学，广收无赖，私创书院”，故请求朝廷禁止书院收徒讲学活动，“以正人心”。在此情况下，明朝官方下令各地行政机构毁掉所辖书院，甚至在该年四月下令禁止全国各地私自创办书院。尽管如此，实际上各地书院仍照常开展教学活动，只有湛若水创办的书院受到了一些影响。

2. 第二次禁毁书院

嘉靖十七年，吏部尚书许赞提出：各地官学坏而不修，而书院兴建活动热情不减，如此耗费民财，扰乱民心，势必不利于封建统治的稳定。因此，他上书朝廷，请求朝廷对书院教学活动严加限制，毁掉天下书院，以利于全国的思想统一。于是朝庭颁布禁令，许多官办书院被禁毁，而一些私立书院依然正常开办，并未受到太大影响。就实质而言，这两次禁毁书院活动是针对著名学者王阳明和湛若水的，书院被禁毁只是政治斗争的牺牲而已。在此情况下，官方越禁，民间热情越高，书院呈现出勃勃发展生机。

3. 第三次禁毁书院

万历七年，正值张居正执政时期，他极力控制思想，反对思想自由，故对书院讲学不满。他认为，儒生只要钻研儒经经义，力求身体力行就可以了，不必另办书院，聚徒扰民。张居正甚至写信给宪长周友山，指责书院讲学是“作伪之乱学”，是不务正业之途。万历七年，常州知府施观民搜刮民财、创办书院，张居正便利用此事件借题发挥，一面降罪施观民，革除了他的职务，同时又以皇帝的名义下令禁毁天下所有书院，除应天府外其他六十四所书院全部改成了公廨。实际上，张居正禁毁书院的主要原因是担心书院讲学活动会“摇撼朝廷，爽乱名实”。因此，此次书院禁毁活动是出自其政治目的的。由于张居正的禁毁行为，许多书院的教学活动被迫走向隐蔽，书院的自由办学受到影响。公元 1582 年，张居正去世，从万历十一年起全国复建书院的活动陆续展开，一大批书院又重新崛起。

4. 第四次禁毁书院

第四次禁毁书院发生在天启五年，其主要诱因是宦官魏忠贤禁毁东林书院，进而殃及其他书院。魏忠贤为了报复东林党人，下令全国禁毁书院，迫害政治对手。在魏忠贤的迫害下，东林书院大部分建筑物被拆毁，其代表性建筑——依庸堂也被拆毁。天启六年五月初，东林书院再次遭到浩劫，建筑全部被强行拆毁，徒留一片瓦砾，成为一处废墟。[①] 在摧毁东林书院的同时，魏忠贤还下令拆除全国所有书院，进而将书院禁毁活动推向全国各地。这次禁毁书院活动直到崇祯皇帝即位、罢黜魏忠贤之后才得以停止，全国大部分书院才开始得以恢复。

五、王守仁的理学教育思想

王守仁（1472—1529），字伯安，浙江余姚人，明代重要的思想家、教育家，因曾在绍兴城外的阳明洞读书讲学，故得名阳明子，世人称其为阳明先生。王守仁出身于官僚地主家庭，父亲王华是成化年间的状元，曾担任过南京吏部尚书。王守仁自幼好学苦读，十八岁时师从理学名师娄谅，二十八岁时进士及第，次年升任刑部云南清吏司主事，

① 金敏，周祖文：《儒家大学堂》，浙江大学出版社，2006 年版，第 52 页。

后改任兵部主事。公元 1506 年，因得罪宦官刘瑾而被贬谪为贵州龙场驿丞。刘瑾死后，王守仁又升任江西庐陵知县，以后又被提升为吏部主事、南京太仆寺少卿、鸿胪寺卿、左佥都御史等官职，正德十四年又被升任为南京兵部尚书。

王守仁继承和发展了陆九渊的理学学说，创立了与程朱理学相对立的“阳明学派”，简称“王学”。王守仁热心创办书院，积极推动社学的发展，其主要思想体现在著作《王文成公全书》之中，《传习录》《大学问》是其教育著作的汇集。

（一）论教育目的

王守仁从“心即理”“致良知”的主观唯心主义学说出发，认为：“心外无物，心外无事，心外无理，心外无义，心外无善”，除“心”外一无所有，因此，“心”与“理”是不可拆分的，教育的出发点和落脚点应该是“心”，而不是外在于客观世界中的“理”。故此，教育的根本问题是引导人存心、明心，而要解决这一问题，就需要人伦道德教育。由此出发，王守仁认为，教育目的就是“明人伦”。同时，他又认为：人人都有“不待学而有，不待虑而得”的“良知”。所谓“良知”，就是人心自然固有的“天理”，即忠、孝、仁、悌、信等道德观念，是不学而能辨别是非善恶的能力。“天理”不是客观的、外在于我的精神实体，而是“吾心”的良知发育后所展现出来的道德理念。这就决定了圣人与普通人之间的根本差别在于能否使自己的良知发扬光大，而一般人的良知常常被私欲所蒙蔽，被尘埃所污染，这就要求他们必须从善去恶，以彰显其天赋的良知。在王守仁看来，教育的目的就是让人接受道德教育的洗礼，彰显人的良知。通过接受教育使人“明人伦”，让人的良知得以重见天日，恢复原先的光洁，是教育的根本目的。

（二）论教学

首先，教学的内容是以六经为主的、包括琴棋书画在内的广泛内容。王守仁认为，要通过教育实现“明人伦”的目的，教育活动就必须用“圣贤之学”来教导学生，用他所倡导的“心学”来教育学生。为此，教育的内容应该是读经、习礼、写字、习射、弹琴等等。王守仁认为，六经是古代圣人留给后世的宝贵精神财富，是对古代圣人思想的记载，故通过学习六经来发现本心，改造自己的心是获知天理的必经之途。

其次，教学的主要原则与方法是“知行合一”，在教学活动中教师应该遵循以下教学原则：

1. 知行合一

在知行关系上，王守仁倡导知行统一观，与之相应，教师和学生在教学过程中要知行并进，将二者统一起来。正如其所言，“知之真切笃实处即是行，行之明觉精察处即是知”，知与行是一件事情的两个方面，不能将二者区分开来。在知与行之间，王守仁更为强调“行”，他认为要实现知行合一，行是关键，重视行为、行动是知与行相统一的焦点，因为“真知即所以为行，不行不谓之知”，真正的学问是“思辨行”的有机统一，将“行”从“知”中割裂开来是不利于学问的发展的。教学活动是师生将求知与行动、认识与实践统一起来的过程，只学知识而不付诸实践是一种错误的教学观。

2. 独立思考

王守仁强调，学习是一个自由思考、自主探索、自求自得的过程，个人自己的“内发”比别人的“外铄”教化更为重要。学习贵在自得，贵在自我思考。因此，在教学中教师要倡导独立思考、大胆怀疑、深入思考的精神，充分发挥学习者的主观能动性与创造性，不唯书、不唯上、不唯圣贤，引导学生独立自主地形成自己的观点，不轻易受别人左右和干扰。在教学活动中，教师要积极启发诱导学生，启发学生的“良知”，教给学生“致良知”、自我探索、自我发展的本领。

3. 循序渐进

王守仁认为，教学必须充分考虑不同年龄阶段学生的心理特征，循序渐进地开展教学，促使学生实现“盈科而进”，不可贪大求全、贪多求快。人的智慧是一个逐渐显现的过程，教学活动要充分考虑到学生的理解能力、接受能力和知识程度，一点一点地引导学生进步。王守仁还形象地用给植物浇水这个比喻来说明循序渐进的重要性：如果给植物水浇多了，它的根就会被泡死。教学也是这样，一定要根据学生成长成熟的程度施教，不可跨越学生的学习基础、接受能力来开展教学活动，否则，教学就会起到揠苗助长的效果。

（三）论儿童教育

王守仁的《训蒙大意示教读刘伯颂等》集中阐明了他的儿童教育思想，为后世儿童教育积累了宝贵的知识财富，其主要观点表现在以下五个方面：

1. 儿童教育要注重启发思维、善于诱导

王守仁极力批驳、抨击传统儿童教育观，尤其是科举考试制度对儿童造成的种种毒害，希望儿童教育能够充分尊重儿童的心理特点，正确地对学生施教。王守仁认为，儿童教育具有三大不当：其一是机械记忆盛行，每天只会督促儿童读书背诵，摹仿字帖，而不重视启发儿童的思维，开启他们的良知，校正他们的德行；其二是强调消极防范，处处给儿童发展设置种种限制，检点、训斥儿童的不当行为，而不知道如何积极地诱导儿童发展，用道德礼仪来养成儿童的善行；其三是喜好体罚，不关注儿童的需要，动辄对儿童进行鞭打，摧残儿童的身心健康，不利于儿童成长。正因如此，王守仁认为要摒弃落后的儿童教育观，积极倡导关注儿童身心发展需要、与儿童心理特征相适应的儿童教育。

2. 强调儿童性情在教育中的重要地位

快乐是人心的本体，是儿童的本能需要，儿童教育应该关注儿童的性情，积极创造条件，让儿童在教育活动中体验到一种快乐的情趣。儿童教育只有顺应儿童性情，让儿童处于快乐的氛围中，他的各方面才能获得健康发展。王守仁还从儿童心理发展特点方面阐述了这个问题。他认为儿童的心理特点是喜欢“嬉游”，害怕“拘检”，如若对之严加限制，就可能危及儿童的健康成长。因此，儿童教育要顺应儿童的真实感情，要用积极的教育方式来促使他们获得一种喜悦的感受，让儿童自由快乐地成长。

3. 为儿童设计了全面丰富的教育内容

在教育内容上，王守仁为儿童提供了全面的教育内容，这些内容包括三方面：“歌诗”“习礼”与“读书”。有了这三方面，儿童教育活动就能够陶冶儿童的思想和性情，使儿童在各方面都得到快乐、健康地发展了。王守仁认为，对儿童的教育应该“诱之歌诗”“导之习礼”“讽之读书”，不断激发儿童的志向，养成儿童的礼仪习惯，增长儿童的知识，开发他们的智力，实现对其德、智、体、美等方面的全面协调发展。

4. 为儿童制定了合理的每日活动

王守仁不仅阐发了自己的儿童教育观念，而且还从实践层面做了进一步的阐发。他为儿童设计了每天的活动日程，作为制定儿童教学计划的基础。儿童的每日活动包括五个方面：品德检查——巩固旧课——讲新课——适当配合习礼——歌诗。这五项内容按照顺序进行，具有三个明显特点：一是强调劳逸结合，二是强调新旧知识学习相结合，三是智育与德育相结合。该活动日程全面考虑到了儿童成长的多方面需要，堪称当时最先进的一份儿童课程计划。

5. 儿童教育要因材施教

王守仁指出，人的资质不同，教育的进度与难度也应该有区别，故儿童教育活动要“随人分限所及”，不可众人齐步走，不做个别要求。这就是他的因材施教思想。王守仁认为人根据资质水平大致可以分为三类：上等资质者、中等资质者和下等资质者，在施教时要考虑人的资质水平，灵活调整教育的水平与进度，如对于中等资质以下的儿童而言，他们接受新知识比较慢，需要琢磨，教育的节奏应该慢一些。教学就像治病，不同人需要不同的药方，不同儿童也应该在教学计划上有所区别，不可整齐划一。

六、教育故事集锦

在明朝，文字狱是统治者控制知识分子思想的重要手段，文字狱之残酷让人震惊。在古代教育史上，文字狱堪称中国知识分子的精神牢狱。

明太祖时期的文字狱

明太祖朱元璋，明王朝的开国之君，汉族，濠州钟离太平乡人，二十五岁时参加郭子兴领导的红巾军反抗元朝暴政，龙凤七年受封吴国公，十年自称吴王。元至正二十八年，击破各路农民起义军和扫平元朝的残余势力后，于南京称帝，国号大明，年号洪武，建立了全国统一的封建政权。他为维护封建统治采取休养生息、打击贪官、以教治国政策的同时也采取了极端手段，如大兴文字狱。现列举有文字记载的若干案例如下：

北平府学训导赵伯宁作《长寿表》中有“垂子孙而作则”，斩。

福州府学训导林伯璟作《贺冬表》中有“仪则天下”，斩。

桂林府学训导蒋质作《正旦贺表》中有“建中作则”，斩。

常州府学训导蒋镇作《正旦贺表》中有“睿性生智”，“生”与“僧”音同，被视为骂太祖当过和尚，斩。

澧州学正孟清作《贺冬表》中有“圣德作则”，斩。

陈州府学训导周冕作《万寿表》中有“寿域千秋”，斩。

怀庆府学训导吕睿作《谢赐马表》中有“遥瞻帝扉”，被视为“帝非”，斩。

祥符县教谕贾翥作《正旦贺表》中有“取法象魏”，斩。

台州训导林云作《谢东宫赐宴笺》中有“体乾法坤，藻饰太平”，“法坤”与“发髡”音同，“藻饰”与“早失”音同，斩。

德安府学训导吴宪作《贺立太孙表》中有“天下有道”，“道”与“盗”音同，斩。

处州府学教授苏伯衡，作表笺误，下吏死。

杭州教授徐一夔贺表中有“光天之下，天生圣人，为世作则”，太祖大怒，斩。

状元张信训导王子，引用杜甫诗“舍下荀穿壁”出题，被认为讥讽天朝，腰斩。

不但大臣因文字横遭不测，就连藩国朝鲜也不能逃脱。朝鲜国王李成旦进表笺，有犯上字样，明太祖当即下令将进贡物品全部打回，还要朝鲜交出撰写此文的郑总。朝鲜恐惧，将郑总押送至南京，太祖下令，发配云南，仍令辽东都司不许高丽人通界，也不许商客贸易。

更奇怪的是，朱元璋连亚圣孟子也不放过。明太祖曾说“使此老在今日宁得免耶！”洪武二年他下令将孟子牌位撤出孔庙，后来因为文星暗了，朱元璋做贼心虚，才恢复孟子牌位。但是孟子的“对君不逊”依然让他难以容忍，洪武二十七年，朱元璋下令删节《孟子》，书中被认为言论荒谬的共八十五章，一律删去，占了全书的三分之一，删后定名为《孟子节文》，被删的内容主要是以下几类：

1. 说统治者及其官僚走狗的坏话——“庖有肥肉，厩有肥马，民有饥色，野有饿莩，此率兽而食人也。兽相食，且人恶之。为民父母，行政不免于率兽而食人。”

2. 说统治者要负转移风气之责——“君仁莫不仁，君义莫不义。一正君而国定矣。”

3. 说统治者应该实行仁政——“得百里之地而君之，皆能以朝诸侯有天下。行一不义、杀一不辜而得天下，皆不为也。”

4. 说反对征兵、征税和发动战争的话——“有布缕之征，粟米之征，力役之征。君子用其一，缓其二。用其二而民有殍，用其三而父子离。”“古之为关也，将以御暴。今之为关也，将以为暴。”“争地以战，杀人盈野；争城以战，杀人盈城。此所谓率土地而食人肉，罪不容于死。”

5. 说人民可以反抗暴君、可以对暴君进行报复的话——“贼仁者谓之贼，贼义者谓之残，残贼之人谓之一夫。闻诛一夫纣矣，未闻弑君也。”“君之视臣如手足；则臣视君如腹心；君之视臣如犬马，则臣视君如国人；君之视臣如土芥，则臣视君如寇仇。”

6. 说人民应该丰衣足食的话——“是故明君制民之产，必使仰足以事父母，俯足以畜妻子，乐岁终身饱，凶年免于死亡。然后驱而之善，故民之从之也轻。今也制民之产，仰不足以事父母，俯不足以畜妻子，乐岁终身苦，凶年不免于死亡。此惟救死而恐不赡，奚暇治礼义哉?”

7. 说人民应该有地位有权利的话——“民为贵，社稷次之，君为轻。”

明太祖朱元璋制造的文字狱，在中国历史上可谓是空前的，显露出朱元璋的残暴与凶虐。

王守仁是明朝伟大的哲学家、教育家，其成长过程中的故事中有许多东西值得我们借鉴。

王守仁笨鸟先飞

王守仁是我国明代著名的哲学家和教育家。他出生在一个书香门第、官宦世家，父亲最高官至南京吏部尚书。可能会有人觉得王守仁应该继承他父亲的优良基因比别人稍微聪明一些。其实，他到五岁了还不会说话，当时大家都以为他是个哑巴，还有的人以为他根本就是一个白痴。只有他的父亲认为他的孩子只是生病了，于是就四处寻访名医，到六岁时才把王守仁的病治好了。

当时，很多人都觉得他很笨，因为王守仁病好之后，智力仍然很一般，在学习方面表现得总比别人迟钝一点，很多人都嘲笑他笨，说他以后不会有出息。这让小守仁很是伤心难过，可是后来父亲给他讲了一个“笨鸟先飞”的故事启发并鼓舞了他。父亲对他说：“孩子，你要记住，你一点也不笨，你将来一定会有出息的，不用太在乎别人对你的看法，还记得我给你讲过‘笨鸟先飞’的故事吧，你自己要勤奋努力，我们争口气让那些瞧不起我们的人看看，好吗?”

在父亲的鼓励下，王守仁有了信心。他不在乎别人的嘲笑，没被困难吓倒，不灰心，更不放弃，他时时提醒自己要努力学习。他读书相当用功，别人读几遍就能读熟的文章，他就读上几十遍，甚至上百遍。凡有弄不明白的地方，他就抄下来去问老师，或者自己去查资料。小伙伴都在玩儿的时候，而他却在专心看书。

守仁很是争气，父亲见了心里非常高兴。他除了自己耐心地给小守仁辅导功课，也会请一些大学者给他辅导。平时家里来了客人，谈论天下大事的时候，父亲也让王守仁站在一边听着。他的母亲为了更好地照顾他，还专门给他收拾出一间书房，让他静心读书不许别人去打扰。

就这样，在父母的鼓励支持和他自己的努力下，功夫不负有心人，王守仁的学习成绩得到很大的提高，还写下了不少著作流传后世。

俗话说得好“一勤天下无难事”。也就是说，只要勤奋，没有办不到的事。王守仁就是凭借这种笨鸟先飞、刻苦勤奋的精神，最终成了著名的哲学家和教育家。我们也应该像王守仁一样，在学习上能吃苦，在别人玩的时候能经得起诱惑，静下心来专心学习；对自己不会的问题，也要勤学好问，向老师、同学和家长请教。一个人只要爱读书，那么就会像故事中的王守仁一样，靠知识的力量来改变自己的命运。

清朝初期的教育

清朝由女真族建立，是中国历史上继元朝之后由少数民族建立起来的第二个封建王朝。公元 1616 年努尔哈赤建立后金，公元 1636 年改国号为清，公元 1644 年清朝定都北京，先后平定了各地的农民起义，消灭了明朝的抗清武装，逐步统一全中国。清朝人口众多，达到了四亿以上，鼎盛时领土面积达到了一千三百多万平方公里。清朝初期，统治者实行了一系列奖励垦荒、减免捐税的政策，促进了社会经济的迅速发展，至 18 世纪中叶出现了“康乾盛世”的繁荣景象。

在政治上，清朝的中央集权专制统治更加严密，国力日益强盛，康熙年间还重新收复了台湾，与俄国签订了《尼布楚条约》，勘定了中俄边界，乾隆中叶又收复了新疆，建立起了多民族的统一国家。在文化上，清朝编纂了《四库全书》《古今图书集成》等重要文化集大成之作，整理了中国历史文化遗产。同时，清朝统治者为了实施文化专制政策制造了文字狱，加强对文人的思想控制，大肆销毁文化古籍，推行剃发易服政策。经济上，清朝实行重农抑商政策，制约资本主义萌芽的发展。在清朝初期，统治者采取了一系列新文教政策，加大了对文化教育的控制，以利于其统治。

一、清代教育制度的变革

清朝是我国历史上最后一个封建帝制国家，其对全国文化、思想的统治更加严苛，这些做法集中体现在清朝所确立的文教政策上。

（一）新文教政策的确立

从清朝初期开始，统治者采取了重文轻武的文教政策，推进国内文化思想的统一。这些文教政策主要有：

1. 思想上推行尊孔崇儒的政策

清朝统治者一入关，就确立了提倡孔教儒学，强化文治的文教政策，努力将儒家思想作为人们的共同思想规范来推行。为此，清朝统治者采取了一系列象征性举措：一是加封孔家子孙。公元1644年，顺治帝下令封孔子的第六十五代传人孔允植为“衍圣公”；公元1645年，顺治帝又加封孔子为“大成至圣文宣先师”，并举行了非常隆重的祭孔典礼；公元1683年，康熙皇帝亲自为孔庙御书“万世师表”的匾额，并且亲自到曲阜开展祭孔仪式；乾隆皇帝先后九次到曲阜去朝圣。另一个是撰写孔子的赞文，如公元1682年康熙皇帝专门写了《至圣先师孔子赞》，公元1727年雍正皇帝亲自写下了《孔子诞辰告祭文》，等等。

除此之外，清朝还利用一些非常实际的方式把尊孔观念渗透到人们的生活中去，在这方面有两个举措值得人们注意：一个是将孔子的名字也列入了回避名讳的范围之列。在中国古代文化中有一种回避名讳的制度，那些地位非常尊崇的人的名字在撰文中是要尽力回避的，以示对这个人的敬重。在清朝雍正年间以后，孔子的名讳也是要回避的。人们甚至把孔子的名字孔丘写为孔邱，这是清朝将崇儒政策嵌入人们的社会生活的直接体现。另一个是把孔子生日农历八月二十七日列为一种节日，并举行形形色色的庆祝活动，这就把孔子的诞辰与皇帝的诞辰提高到同一规格层次之上。这是清朝统治者崇儒的重要体现。

2. 抬高“程朱理学”的地位

选择一种儒学思想来统一社会的意识形态历来是封建统治者的重要统治策略之一，清朝亦是如此，其文教政策的第二个立足点就是推崇“程朱理学”。清朝初年，统治者竭力倡导程朱理学，甚至把它视为全国的官方哲学，采取各种方式提高它的学术地位，集中体现在以下三个方面：其一，把程朱学派的观点作为科举考试的标准答案，其他学派的观点一律被视为异端；其二，加封朱熹的后人。顺治十二年，清王朝把朱熹的第十五代传人朱煌封为翰林院的五经博士，康熙五年，皇帝下诏让朱熹的第十六代传人朱坤接任翰林院的五经博士；其三，把朱熹作为孔庙中大成殿的配享，将他列为十哲之一，并命人编纂《朱子全书》，由皇帝亲自撰写序言。这些举措的实施都将程朱理学提高到一个史无前例的地位。

3. 大力推行文化专制

推行文化专制是清朝文教政策的重要组成部分，其手段形式多样，超过了以往任何朝代。清朝推行文化专制的主要目的有两个：其一是调和满族和汉族之间的民族矛盾，强化统治基础；其二是推行文化与思想统一，防止汉族统治卷土重来，麻痹汉族的抵制意识。为此，清朝初期就形成了一系列文化专制手段，向全国推行：

首先是文字狱。据历史记载，康熙、雍正、乾隆三个朝代总共发生的文字狱案件有一百五十五个，数量之多令人震惊。相比而言，清朝的文字狱比任何朝代都残酷。通过这种高压政策，统治者迫使民众臣服。例如，在康熙年间的两个最大的文字狱案件是庄廷鑨的“明史案”和戴名世的“南山集案”。这两个案子的缘起是二人写的两部书《明史》和《南山集》中有怀念、眷念明朝的民族情绪。为此，统治者对作者及其家人进行了各种各样的迫害，受牵连者约有二百多人。这只是一些表面上的数据，实际上可能还不止这个数字。这就是清朝的文字狱，是文化专制的第一个体现。

其次是成立了编书馆，组织大批士子编写各种古书，防止他们讽议朝政。清初，统治者成立了一些编书局，把全国最有名的一批读书人和知识分子组织起来，让他们去编撰古书、搜集各种古籍，使之没有机会去讽刺朝政。《康熙字典》《佩文韵府》《古今图书集成》《性理精义》等都是在该时期完成的。其中，最为浩大的工程要算是《四库全书》了。该书的编撰从乾隆十七年开始历经十年才告以完成。全书分为经、史、子、集四部，总共收集的书有三千五百零三种，总计七万九千三百三十七卷，成为中国古代史上最大的一部丛书。

清朝的这些文教政策在相当长的历史时期内起到了维护社会稳定，推动文化事业发展的作用。但到了清朝后期，这些文教政策的弊端随之暴露，其负面影响越来越大，最终影响了教育事业的健康发展。

（二）清朝的学校教育制度

与宋朝、明朝一样，清朝的学校教育制度也分为官学、私学和书院三种，其中官学包括中央官学和地方官学两部分。

（一）中央官学

清朝的中央官学包括国子监和中央各部门所属的学校。

1. 国子监

在清朝，国子监同样具有管理和教学的双重职能。清朝国子监特设了一个专管国子监的监事大臣负责总管国子监的一切事务，其他学官，如祭酒、司业、监丞、博士、典簿等都由满族人和汉族人共同担任，按照两个民族各一人的编制来设置。清朝国子监较前朝发生了很大变化，集中体现在以下三个方面：

其一，生源日趋多样化。明朝国子监生源只有荫监、举监、贡监、例监四类。而清朝国子监学生成分更为复杂，开始有了监生和贡生的区别。贡生是通过考试被选升到国子监学习的学生，分为岁贡、恩贡、拔贡、优贡、副贡、例贡。“岁贡”“恩贡”“优贡”同明代相同；“拔贡”是从各直省科试的一、二等生员中选拔出来的生员，雍正时每六年选拔一次，乾隆七年改为每十二年选拔一次；“副贡”每三年选拔一次，是从每届乡试取得副榜（即乡试扩录者）者中挑选出来的，副榜一般不能参加会试，但可直接增附为“副贡”，他们既可被挑选为官，又可入国子监就读。监生分为恩监、荫监、优监、例监等四类，统称为国子监生。其中，恩监是指对那些先圣先贤之后裔恩准入监读书者，或由汉军八旗文官子弟恩准入监学习者。荫监分恩荫和难荫，恩荫是在京官职四品以上、京外官员三品以上、武官二品以上的官员，按例可特准一子入国子监读书就学；难荫则专指品官因公殉难，封荫其子进入国子监读书者；优监是在附生中选拔入学的监生。

其二，国子监之下设立了八旗官学、算学，以及招收留学生的琉球学馆和俄罗斯学馆。国子监下设的八旗官学包括正黄旗、正白旗、正红旗、正蓝旗、镶黄旗、镶白旗、镶红旗、镶蓝旗等旗学，都设有专门的助教和教习，满族人、蒙古人、汉族人都有，学生也来自满族、蒙古族和汉族，并根据民族分班。

其三，废除了积分制度、监生历事制。顺治十七年，国子监废除了积分法，康熙元年废除了监生历事制，对学生采取了新的考核定等方法。同时，国子监扩大了教学内容。乾隆二年，根据刑部尚书兼管国子监大臣孙嘉淦的建议：国子监生在学习应付科举考试的内容外，还仿照宋代胡瑗的分斋教学法，学习一经，学会做一件实际事务，学习如历代典礼、赋税、律令、边防、水利、天文、河渠、算法等方面的实用知识。

（二）中央各部门附设的教育机构

除国子监之外，清朝中央的其他部门还附设有一批教育机构，主要从事专业教育工作，这些教育机构有：

1. 内务府设立的官学

公元1685年，内务府设立了景山官学，主要教授对象为八旗子弟，以满文翻译、汉语、四书、作诗等为教学内容；公元1729年，内务府又设立了鲜咸安宫官学，同样以八旗子弟为教授对象，教学内容除上述内容之外还有书法与射击等；公元1747年，又设立蒙古官学，以蒙古族子弟为教育对象，主要教授蒙文经书、蒙文翻译等；公元1756年设置回缅官学，教授在京回族学生，主要学习回文；公元1696年设立长房官学，主要以太监为教育对象，学习内容为汉语等。

2. 宗人府设立的官学

公元1653年宗人府设置了宗学，以宗室子弟为教育对象，主要学习满文、汉文、骑射等；公元1729年设置了觉罗学，以觉罗氏子孙为教育对象，学习内容也为满文、汉文、骑射等。

（三）地方官学

清朝地方官学以儒学为主，与明朝一样，同样设立府、州、县、卫学。与明朝相比，清朝地方官学又呈现出许多新特点：

1. 管理机构日趋完善

在清朝，地方官学在管理上普遍由提学官管辖。在清初，各省设立督学道，一般从那些有进士身份的六部（吏、户、礼、兵、刑、工部）的郎中挑选人选来担任。只有顺天、江南、浙江三地设提督学政，人选从翰林院官中选拔。

2. 形形色色的考试形式

凡有资格参加地方儒学入学考试的人，统统被称作童生，故地方儒学的入学资格考试被叫做童生试，或称小试、小考；由各省学政主持的考试叫院试或“道试”；由府长官主持的考试叫府试；由县长官主持的考试叫县试；生员在学，逢丑、未、辰、戌年的考试叫做“岁考”或“岁试”，逢寅、申、巳、亥年的考试叫做“科考”或“科试”。

3. 普遍采取“六等黜陟法”

“六等黜陟法”是在明朝“六等试诸生优劣”方法基础上发展而来的，它比明朝的方法更为周密、成熟，也更为有效，是清朝在地方官学管理上的一个重要创新。“六等黜陟法”实际上是一种对生员进行定级考试的制度，配有相应的奖罚措施。其做法是：将学生按照考试成绩分为六等，一等增补为廪膳生，二等增补为增广生，三等者无奖无罚，四等者处以相应处罚，五等者降级，六等者予以除名。该方法的基本特点是对生员进行动态管理，生员的等级不是固定的，而是根据学业成绩或升或降，将学生等级与学业成绩紧密挂钩，有助于调动其学习积极性，提高官学的教育质量。

（四）社学和义学

顺治九年，清朝命令各地设立社学，要求每乡要设置一所，但在实际执行中大多名不副实。康熙四十一年，政府在京城崇文门外设立了义学，成为儿童教育的主要机构。在清朝，由官方设立的义学、社学等国家每年都拨给一定的经费，给教师免除差徭，学生也享受一定的待遇，故具有官学的性质。

二、科举制度的完备

科举考试制度发展到了清朝，基本制度日臻完善，成为一种较为完备的选官制度，其大致框架日益定型。

首先，科举考试的基本程式已经定型。在清朝，进士科考试成为科举考试的主要形式，它一般包括三级考试：院试、乡试、会试和殿试。院试是科举考试中最低级的一级，一般在府城或直属省的州所举行，由学政、学台或宗师主持考试。院试包括两种形式：一个是岁试，一个是科试。所有参试者必须首先获得童生资格，即通过由本县的知县主持的县试或由本府的知府主持的府试，通过者取得童生的资格。在清朝，县试一般在二月举行，而府试则大致在八月举行。童生通过岁试，就算“进学”了，成为生员，或称其为秀才、相公。在岁试中成绩优良的生员即可参加科试，通过科试后才可准许参加更高一级的考试——乡试。乡试在京城及各省省城举行，三年考试一次，一般在子、卯、午、酉年的八月举行。乡试的考场被称之为贡院，贡院内建有一排排的号房，是考生住宿、答题的地方。乡试的正副考官一般由皇帝任命在京的翰林及进士出身的部院官员担任。乡试在九月发榜，乡试取中的考生统称举人，其中的第一名叫解元。会试和殿试是最高一级的国家考试。会试在京城的贡院举行，由礼部主办，在乡试的第二年即丑、辰、未、戌年举行，主考官为大总裁，由内阁大学士或六部尚书担任，具体时间在二、三月份举行。在会试中被录取的人，被称为贡士，第一名者叫做会元。在清朝，新录取的贡士在殿试前还要参加一次复试，并按成绩分为一、二、三等，作为对考生授官的重要依据。科举考试的最高环节是殿试，大致在四月份举行，名义上由皇帝亲自主持，担任主考官，但实际上还是由皇帝任命阅卷大臣、读卷大臣协助皇帝来评阅试卷。同明朝一样，殿试一般都只考策问一场。

其次，科举考试在文体上形成了程式化的八股文。八股文取士作为科举考试的一种定式形成于明朝，到清朝时达到完善，成为科举考试的法定文体。八股文又称“时文”“时艺”“制艺”“制义”“八比文”“四书文”，是清朝科举考试制度规定的一种具有高度程式化特征的特殊文体。八股文只注重考试的形式，不考虑考试内容，文章的每个段落死守在固定的格式里面，就连字数也都有一定的限制，人们只能按照题目的字义敷衍成文。“八股”意指文章的八个部分，即破题、承题、起讲、入手、起股、中股、后股、束股等部分。八股文要求文章必须模拟古人的语气去写。在论述问题时要求引经据典，而且必须对仗平仄，像写律诗那样讲求严格的格律。将八股文作为考试内容，对广大士子的危害是深重的：一方面，它缺乏实用的价值，让知识分子写一些远离现实、言不由衷、沽名钓誉的文章，禁锢了知识分子的思维，将他们的宝贵人生年华浪费在书斋里边；另一方面，八股文形式主义严重，在写作中要遵守许多清规戒律，诸如怎样破题、承题、起股、落下……如何起、承、转、合，从字数上、格式上、语气上严格限制读书人的思想，使他们同古人亦步亦趋，不思进取，不求创新，将青春年华耗费在故纸堆里，消弭了读书人的斗志。总之，八股文闭塞民智、难选真才，只能教会读书人做文字游戏，读书人难以成为治国安邦的实用人才，难以成为社会所需要的真正人才，致使清朝学术文化停滞不前。

最后，清朝形成了严格的考试规则，科举考场规则日益健全。在考试前的保密工作上，清朝科举考试时对试题保密更为严格，考官拟定考题后，由礼部掌管，考试时须在考场当众启封。在制作考卷时，要求主考官和同考官亲自监督刻印试卷工作，不能多印一张，印卷时所有参与人员一律不能外出，甚至考试用的试卷纸都要由提调官监制，再送到临官逐卷加盖“关防”印章，防止考官泄题露题。在考场监察方面，采取了更为严密的检查措施，在考试前、考试后、考场内、考场外都严立禁令，对考生和考官都要进行严格搜查，防止考生将夹带带入考场。为防止考官作弊，清朝颁布法律规定：受任考官必须限期到达，不准携带家属，不准向亲朋辞行，不准携带过多随从人员。清朝还形成了回避制度，乾隆九年规定：凡是考官有亲属关系的人参加科举，考官要及时回避。另外，清朝还规定：在考试期间采取锁院制度、巡视制度，严密监控考生的举止与行为。这些做法都保证了科举考试的公正性。

三、王夫之的教育思想

王夫之（1619—1692），字而农，号姜斋，湖南衡阳人，学者称其为船山先生，是明末清初的著名唯物主义思想家与教育家。王夫之学问渊博，对天文、历法、数学、地理学等都有所研究，尤其擅长于经学、史学、文学。王夫之自幼“颖悟过人”，习读“五经”，广泛阅读古代哲学和史学书籍，十四岁考中秀才，二十四岁考中举人，明崇祯年间曾求学于岳麓书院，师从吴道行。明朝灭亡后，公元1648年王夫之组织了“匡社”，在衡阳举兵抗清，阻击清军南下，战败后退守肇庆，投身桂林的南明政权，任翰林院庶吉士。晚年，王夫之在石船山下修筑草堂潜心读书并撰写了一系列重要学术著作。王夫之现存著作主要收集在《船山遗书》一书中，总共七十二种，二百五十八卷，其有关教育的思想主要体现在《周易外传》《尚书引义》《读四书大全说》《张子正蒙注》

等之中。王夫之从其哲学观念出发，对教育问题阐发了自己的独特见解，令世人瞩目。

（一）论教育的作用

与其他学者一样，王夫之从人性论出发来阐明了他的教育功能观。王夫之认为，无论是性善论还是性恶论、性三品说，它们都有其局限性，人性不是固定的、一成不变的，而是在后天学习中形成的，人性“日生则日成”“继善成性”是其所秉持的基本人性观。王夫之认为，人性只是人类所具有的一种潜在发展能力，只是人的一种“气禀”，这种能力在生活环境变化过程中通过“新故相推”的方式得以发展。在王夫之看来，人性有两种——“先天之性”和“后天之性”，其中“先天之性”是人的自然本性，是不易改变的，它是人的现实人性形成的基础，而“后天之性”是人在后天，在获得知识、才能和道德观念的过程中逐渐形成的。也就是说，人性是不断变化的，是一天天地逐渐形成并一步步达于至善境界的。正是如此，王夫之非常重视“习”行，重视习惯在人性形成、发展中的作用。他指出：人若不幸失去教育而沦落于恶习之中的话，他每天所听到的话都不是正经人说的话，所看到的事情都不是正经人干的事情，久而久之，人就会陷入污浊而不能自拔。

基于上述认识，王夫之认为：教育在人的发展及人性成长中具有重要作用。对人而言，知识不是“生而知之”，它来自人与外界间的相互接触与相互作用。故此，人需要学习，需要接受教育，从而获取关于外界事物的知识。教育的作用就在于它能够帮助人获得知识，实现人性的进化与优化。

（二）教学过程观

王夫之从对知行关系的澄清出发，提出了一种基于“知行合一”观的教学过程观。王夫之认为：在知行观上朱熹的“知先行后”观与王守仁知行关系观都不一定合理。他认为知与行之间是相互结合，密切关联的。他主张的行先知后、知行并进、互相为用是一种合理的知行观，正如其所言：“行可兼知，而知不可兼行”，“知行相资以为用，唯其各有致功，而亦各有其效，故相资以互用”。在实践中，知与行各有其各自作用，二者必须在相互结合、相互促进中才能相得益彰、共同进步。相对而言，在知行二者之间王夫之更注重“行”，更重实践，他认为知识不能离开行动，认识不能脱离实践。行先知后、行知互动的知行观为王夫之的教学过程观奠定了坚实的基础。为此，从实践、行动到认识、反思，实现新知识的形成，是王夫之教学过程观的基本内容。

（三）论教学方法

从知行统一的教学过程观出发，王夫之提出了一系列行之有效的教学方法，很值得世人学习与继承。

1. 学思结合

在教学活动中王夫之始终关注学与思的关系，要求将二者互相结合起来，不断提高教学活动的质量。王夫之指出：人获得知识的途径有两条，一个是学习，一个是思考，二者不可偏废，“学愈博则思愈远”，“思正有功于学”，“思之困则学必勤”。可见，由博学到深思，由思考到学习，是学习活动的内在过程。在教学活动中，教师要坚持二者并重、互相促进的原则，把学习与思考紧密结合起来，努力形成学习与思考间的良性循环。

2. 注重立志

教学活动的起点是学生的学习活动，学习活动的起点是立志活动，立志是学习活动赖以推进的基础。王夫之认为“意者，乍随物感而起也；志者，事所自立而不可易者也”。也就是说，学习活动徒有意念、想法是不行的，还必须把这种意念、想法确立为人生的意志，并且坚定志向、持之以恒才有可能。帮助学生确立起坚定的意志，树立起学习的决心与志向是教学活动得以展开的条件。

3. 因材施教

同孔子一样，王夫之把因材施教列为教学活动的重要原则与方法，了解受教育者并根据受教育者的特点来进行教育，是教学活动得法的标志。对不同学生而言，他们具有各自的个性、兴趣、爱好、特长与智慧水平，教师只有顺应他们的

“刚柔敏钝之异”，适应他们的个性，教育活动才能取得预期的效果。在教学活动中，教师必须充分关注学生的接受能力、学习基础与主观努力，根据学生的具体条件去施教。教学活动只有“顺其所易，矫其所难，成其美，变其恶”，采取以变应变、因人而异的举措，才能够使每个学生获得各得其所的发展。

4. 自勉与自得

王夫之认为：学生的自勉是学习活动的关键，这一点是教师的严格要求所难以取代的。“学者不自勉，而欲教者之俯从，终其身于不知不能而已矣。”也就是说，学生的自勉自励、主观能动性的发挥是教学活动的关键。在此基础上，王夫之非常重视学生的“自得”。学习是一项以学习者为主体的实践活动，学习者心理上的准备和努力钻研的程度是学有所成的关键要素。相对而言，教师的启发、鼓励是辅助性的，“教在我而自得在彼”正是这个道理。得法的教学活动必定是以调动学生的学习热情与自我努力为基础的，任何外界因素都不可能代替学生自身的自觉学习。

（四）论教师的功能与资质要求

在强调学习活动、教学方法的同时王夫之同样重视教师的作用。他认为，教师职业形成于传递人间道理、知识学问的客观需要，教师既是人类知识的传递者也是社会道德的示范者，故师生关系不单是一种普通的人际关系、工作关系，更具有深刻的社会意义。所以，教师必须在实际行动与道德行为上做好学生的楷模与示范，事事做到“身教”与“言教”的统一。王夫之指出，“圣人有独至，不言而化成”。教师的教育影响源自其自身的率先垂范与身先士卒，只有那些具有高尚师德与渊博知识的人才能胜任。同时，教师也须是一个“善教者”，只有他所组织的教学活动能使学生感兴趣，才是一名合格的教师。教师在教学活动中的任务是顺应学生的情感和兴趣，加以因势利导，使学生在教学活动中获得最大化的发展。“欲明人者先自明”，教师必须是一位知识渊博的人，理想的教师是知行统一、道德高尚的，是一般人所难以胜任的。

四、颜元的实学教育思想

颜元（1635—1704），字易直，又字浑然，号习斋，博野县北杨村人，是清初著名的唯物主义思想家和教育家。颜元在十九岁时师从贾珍，贾珍提倡“讲实话，行实事”的哲学观对颜元“实学”思想产生了直接影响，在他影响下颜元放弃了科举考试。颜元二十二岁时开始学医，二十三岁时专门学习兵器和其他击技，六十二岁时应郝公函之聘主持肥乡漳南书院，为其思想的形成打下了坚实的基础。在思想上他一反程朱理学脱离实际、单重心学的教育传统，竭力提倡经世致用、“实学”“实用”的教育思想，形成了著名的“颜李学派”，对中国近代教育与学术思想的发展产生了积极作用。

颜元的大部分著作都收集在《畿辅丛书》《颜李丛书》中，《总论诸儒讲学》《上太仓陆桴亭先生书》《漳南书院记》等著作是其教育思想的集中体现。

（一）抨击传统教育

颜元大力抨击汉唐以来形成的重文轻实的教育传统，批驳宋明理学，大力提倡实学思想。他认为，宋儒理学教育只会天天教人读书、顿悟，给社会造成了三重危害，即毁坏人才、灭绝圣学和败坏社会风气，具体表现在三个方面：其一是培养出了大批柔弱如妇人女子的“坏人才”，教人脱离实际生活，阻碍了社会发展；其二是在学风上只重章句训诂、注解讲读，丢弃了尧舜周孔所倡导的实学精神；其三是败坏了社会风气，把学术变成了文字游戏，影响了社会的进步。颜元揭露了传统教育严重脱离实际的弊端，批驳它“中于心则害心，中于身则害身，中于家国则害家国”，贻误了人才的健康成长。在传统教育制度方面，颜元尤其愤慨的是八股取士制度，要求废除八股取士制度，倡导基于实学实用的取士制度。他认为，学校是培养人才的正当途径，八股文取士制度把学者引入歧途，影响了实学人才的培养与选拔，阻碍了社会的发展。

（二）强调学校是“人才之本”

颜元认为，人才是治理国家的依托，是一切政事的根本，是治国安民的物质基础。他曾经提出过“九字安天下”的施政方针，即“举人才，正大经，兴礼乐”，其中“举人才”位居首要位置。人才是社会治理、国家稳定的前提，而人才的培养要靠学校教育，正如其所言，“人才为政事之本，而学校尤为人才之本也”。在处理学校、人才、治国三者间的关系上，颜元看重学校教育的重要性而非科举取士，这对于后世处理好人才的教与取、养与任的关系影响深远。通过学校教育实现“令天下之学校皆实才德之士，则他日列之朝廷者皆经济之臣”，是其学校教育改革的最终目标。鉴于此，颜元主张学校的培养目标应是“实才实德之士”，即是品德高尚，具有真才实学，能够经世致用的实学人才。这些思想对于体现学校教育对社会、政治、经济发展的实际功能具有现实意义。

（三）学校教育的内容是“真学”“实学”

颜元从提高学校教育的现实效能角度提出了以“真学”“实学”为主体的教育内容，反对脱离实际、空腐无用的程朱理学，希望充分发挥学校教育服务于社会生活的功能。崇尚“真学”“实学”，反对无用之学，实现教育内容以“实”代“虚”的转变是颜元教育内容变革的主要特征。基于此，颜元提出了新的教育内容体系，这就是“六府”“三事”“三物”。“六府”是指学习六方面的艺能：“水、火、金、木、土、谷”；“三事”是指学习三种实用知识：“正德、利用、厚生”；“三物”是指培养人的“六德”：知、仁、圣、义、忠、和，“六行”：孝、友、睦、姻、任、恤，“六艺”：礼、乐、射、御、书、数。在颜元的实学教育内容体系中，核心是“六艺”教育，是培养人的实际生活艺能。为了将“六艺之学”付诸实践，颜元托古改制，追求“以复古求解放”的理想，并在漳南书院教学改革中付诸实施。在漳南书院中，颜元为书院设置了“六斋”，并规定了以“真学”“实学”为主体的教育内容，其各斋学习内容如下：

漳南书院的“六斋”

“六斋”名称	教育内容
文事斋	学习礼、乐、书、数、天文、地理等科
武备斋	学习黄帝、太公及孙、吴五子兵法，并攻守、营阵、陆水诸战法，射御、技击等科
经史斋	学习《十三经》、历代史、诰制、章奏、诗文等科
艺能斋	学习水学、火学、工学、象数等科
理学斋	学习静坐、编著、程、朱、陆、王之学
帖括斋	学习八股举业

在漳南书院的改革中，迫于形势需要，颜元还是暂时设立了“理学斋”和“帖括斋”，其最终目标是关闭这两个斋舍。颜元将许多自然科技知识、军事知识和实际技能都正式

列进了教学内容，并实行分科设教、分斋教学，已经具有了近代课程设置的思想，成为中国近代课程改革的先声。

（四）倡导“习行”教学法

倡导“习行”教学法是颜元教育思想的重要组成部分，其源自“觉思不如学，而学必以习”，它重在强调实践、实习在知识习得中的重要作用。所谓“习行”，其意在强调学习者要通过自己亲身的实践与躬行来获得知识，而不能仅仅停留在书斋与书本中。颜元的“习行”教学法强调：在教学过程中必须注意联系实际、坚持练习、躬行实践，把所学知识付诸实践，最终实现对知识的深入理解与全面掌握。颜元的“习行”教学法一方面主张“见理于事，因行得知”，主张“理”与道存在于客观事物之中，人只有接触事物、亲自践行，才能获得真正有用的知识；另一方面，颜元反对理学家静坐读书、空谈心性的教学方法，认为这种教学方法既脱离实际又不能解决实际问题。这一新教学方法的提出，纠正了空谈理论、一知半解的学风，对于转变学风，增进教学活动的科学性具有积极意义。

（五）重视劳动教育

古代教育中一直对农业教育、劳动教育存在鄙视的不良倾向，努力冲破自孔子以来形成的轻视农业生产劳动的传统思想束缚是颜元教育思想的革命性所在。在颜元的教育实践非常重视农业知识的传授，注重发挥劳动的育人功能，提高劳动教育在社会中的地位。颜元一生非常热爱农村，热爱劳动，亲自参加各种农业生产劳动，在中国古代教育史上实属罕见。颜元认为，人人应该参加劳动，学习劳动方面的知识技能。

首先是学习农业知识，引导学生接受劳动教育。颜元在他亲自制订的“习斋教条”中规定：“凡为吾徒者，当立志学礼、乐、射、御、书、数及兵、农、钱、谷、水、火、工。”这就将劳动教育纳入了封建学校教育内容之中，丰富了古代教育的内容。

其次，劳动具有育人功能，在劳动中接受教育具有许多好处。颜元认为，劳动不仅可以促进社会生产的发展，促进国家社会的强盛，而且还对人自身的发展也有教育作用。劳动可以使人“正心”“修身”、消除邪念、克服怠惰，形成勤劳的美德。劳动还可以增强人的体魄，锻炼人的身体，是重要的养生之道，具有多方面的功能。

颜元的劳动教育思想具有强烈的反封建性，是对古代教育传统的一次强烈抨击，展现了颜元大无畏的战斗精神。

五、教育故事集锦

在清朝，文字狱和明朝相比有过之而无不及，尤其是在清初，文字狱的残酷性让知识分子瞠目，它成为封建统治者维系其文化统治的手段。

文字狱故事

文字狱自古就有，历代之中，尤以清代最盛，清代文字狱自顺治帝开始，中经康熙、雍正、乾隆，历时一百四十余年。清朝统治者入主中原后，对文化控制极严，文人学士在文字中稍有不慎，或皇帝疑惑文中有讥讽朝廷的内容，就被统治者罗织罪名，即兴大狱。由此可见，文字狱是清代统治者加强思想文化控制的主要措施之一。康熙一朝（1661—1722）文字狱多达二十余起，雍正皇帝在位（1723—1735）时间虽短，但有案可查也近二十起，乾隆皇帝在位（1735—1795）期间文字狱则多达百余起。

康熙一朝有庄廷《明书》案和戴名世《南山集》案两大宗。

第一宗，发生在康熙朝大臣辅政时期（1661—1669），浙江湖州富商庄廷，购得朱国祯《明书》之《列朝诸臣传》稿本。庄廷刊行时，请人增添明末天启、崇祯两朝史实，其中多有指斥清朝统治者的文句。康熙二年被人告发。是时，庄廷已死，仍被开棺戮尸。庄氏家属及为书作序、校阅、刻字、印刷、买书、卖书者，并地方官吏，被处死者达七十二人，充军边地者数百人，妻女均发边为奴。

康熙十五年的《南山集》案又称戴名世案。戴名世，

字田有，安徽桐城人，生而才辨隽逸，于康熙四十八年中会试第一名，殿试一甲第二名进士及第，授翰林院编修，参与明史馆的编撰工作。戴氏所作《南山集》，采用了相城方孝标《滇黔记闻》中的材料，叙述明末清初的史实，对南明诸王寄以同情，并书南明桂王永历年号。事发，戴名世被斩，三百多人受牵连，震动儒林。这就是著名的清初三大文字狱之一的《南山集》案，此为第二宗。

雍正四年的查嗣庭案亦系较大规模的文字狱。查氏为隆科多党人，官至礼部侍郎。是年，查氏出任江西主考，选用《易经》《诗经》上的"正""止"二字命题，被人告做要去"雍正"之头。后来查嗣庭病死狱中，仍被戮尸枭首。

"明月清风"是前人口头禅，但入清帝之耳，仍被认为是对清朝的讽刺。这就是乾隆四十三年的徐述夔的一柱楼诗案。徐述夔死后留下刻板《一柱楼诗》一本，文中多有怀念前明，诋毁清朝之语，当时清朝搜查"禁书"甚严，将这本书缴出。江苏藩司陶易、幕僚陆琰承办此案，未能查出"悖逆"之处，后来被人检出"明朝期振翮，一举去清都"一句加以告发，被定为"大逆"之罪，将徐述夔家族及列名校对人活者处死，已死者戮尸枭首，连陶易及陆琰等人也均身首异处，以惩"大员负恩玩法"之罪。

清朝的文字狱的残酷是空前绝后的，而且随着统治的稳固而加深，越是统治稳定的时期，文字狱就越是登峰造极。文字狱严重禁锢了思想，堵塞了言路，阻碍了科学文化的发展，这是封建专制主义日趋腐朽、没落在思想文化领域内的反映。

王夫之对清朝教育思想的贡献非同一般，在生活中他是一位重情厚道、刚正不阿的人，令世人敬仰。

王夫之的故事

王夫之是一位非常有骨气的学者。为了事业和理想，他不为利禄所诱，不受权势所压，历尽千辛万苦，仍旧矢志不渝。他在青年时代曾目睹明朝腐败，便上书要求改革，却因此受到迫害，几乎丧命。明朝灭亡后，他在家乡衡阳抗击清兵，没有成功。后隐居船山，终身著述，留下四百多卷著作。

王夫之晚年身体不好，又生活贫困，有时连写作用的纸笔都要靠朋友、学生周济。但他依然每日著述不倦，以至“腕不胜砚”“指不胜笔”。在他七十一岁时，清政府的一位官僚来拜访这位大学者，并给他赠送吃穿用品。王夫之

正在病中，认为自己是明朝遗臣，拒不会客，并退回礼物。这位官僚自讨没趣，只好悄悄溜走。王船山为此写了副对联，以表自己的铮铮傲骨："清风有意难留我，明月无心自照人"。这里，"清"暗指清政府，"明"暗指明朝。

王夫之对朋友、对学生，却非常谦和有礼。一天，一位朋友来看他，知己相逢，把酒对酌，席间谈论时局，十分投机。后来朋友告辞，王夫之虽然体弱多病，仍起身送友三步说："君自保重，我心送你三十里。"友人依依而别，走了十五里，猛然想起忘拿雨伞，又转身回到夫之家。这时，只见夫之老人仍毕恭毕敬地站在原地，"心送"朋友走完三十里……

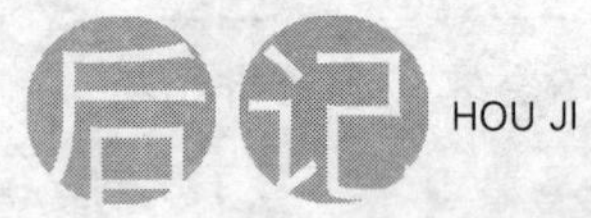

后记

古代，顾名思义，是指年代久远的过去。过去如何，我们无能能够目睹，无人能够再次经历，只能凭借历史档案去追索、去想象、去猜摸……中国古代教育史来自对古代遗迹的考证与猜想，来自古人的史书记载，来自史学家的重新拼接……无论哪种形成方式，它都是对古代教育事实的一种重现，都是对客观教育事实的一种主观重构。教育史是教育事实的一种折射，是古代教育创造者的杰作，无论我们在意与否，它都存在着，都在无形中参与着当前教育实践的形成与发展。了解教育史，我们可以以史为鉴，在读史、说史、评史中获得一种看待、对待教育事实、教育问题的眼光、立场与智慧。

参与教育活动是青少年的义务与责任，是他们更好地参与未来祖国建设的条件与基石。如何认识教育活动、如何更好地改进教育活动，是青少年更好地接受教育活动的重要因素。历史就是一部评书，它告诉我们在教育历史长河中发生的点点滴滴，它告诉我们创造教育的智慧与对策，它让我们经由一种便捷的方式走进历史长河。本书提供给大家的一些事实是对我国古代教育的一次回眸，是对古代教育历程的一次呈现。历史没有办法被改变，因为历史就是一种事实；历史的意义可以被改变，因为不同人对历史的看法与重视程度不同。我们期待青少年在浏览古代教育史的过程中能够认识到“教育改变社会，教育改变人生，教育筑就命运”的道理，期待青少年在读史中将自己自觉融入教育改革洪流中去，自觉参与教育事业的变革与改进。尽管本书编写的上述意图很难达到，或很难全部达到，但是我们还是希望青少年能从读史中获得更多启迪人生的东西。

本书是一部面向青少年普及古代教育史知识的著作，为了增加本书的可读性、趣味性和生动性，我们加入了许多鲜活的材料。其中，除了少数资料有据可查并做了标注之外，绝大多数资料、故事来源于网络，不能一一核实作者，也无法一一注明。编者对编写过程中参考过的所有资料的作者特致谢意，如有不妥之处，恳请读者批评指正。

王旭

2011. 12